JN188819

最新版

クラウドファンディングの教科書

クラウドファンディング達成アドバイザー
生島正

夢をあきらめないための完全ガイド

鴨ブックス

はじめに

「ＫＡＭＯファンディング」を運営している生島 正と申します。

「ＫＡＭＯファンディング」とは、２０２１年7月にＹｏｕＴｕｂｅ講演家の鴨頭《かもがしら》嘉人《よしひと》さんの協力を得てスタートしたコミュニティクラファンサイトです。

この「ＫＡＭＯファンディング」、いろいろと試行錯誤もありましたが、２０２４年10月現在、総プロジェクト数約３６０件、総支援額は約10億円のプラットフォームに成長しています。

コミュニティが運営するクラファンサイトではなんと国内１位の実績となりました。

いろいろと魅力的なプロジェクトが、信じられないくらいの支援額を集めています。

たい焼き屋の社長さんは、なんと、総額で、１億円超の支援を集めました。

総額5000万円近くを集めた、美容師さんもいます。

なぜ、こんなことが可能になったと思いますか？

支援額の多寡《たか》だけではありません。

クラウドファンディング（以下、クラファンと表記）で、結婚式の費用（1400万円）を集めた人もいます。

馬を買った人もいます。

地元で理容室を開業した人もいます。

なぜ、こんなにみなさん、夢を叶《かな》えられているのでしょうか？

私は、2つポイントがあると思います。

1．コロナ禍によって、キャッシュレス決済などが一般化し、クラファンのハードルが下がったこと。

2. コミュニティと連動したプラットフォームを作り上げることができたこと。

昨年（2023年）行われた国立科学博物館のクラファンが9億円あまりの支援額を集めたことも、「1」のキャッシュレス化が進んだことと無縁ではないでしょう。

そして、私の場合、特に大きいのが、「2」のコミュニティとの連動でした。

クラファンの成功を謳《うた》う書籍や記事では、「初日に目標総額の30%を集めると成功確率が上がります」「共感をいかに上げるかがポイント」「魅力的なプロジェクトページ」など、いろいろなことが掲載されています。

もちろん、これは重要ですし、本書でもそのことは説明しますが、これまでの経験から言えば、一番重要なのは、コミュニティです。

一人で戦うクラファンは本当に難しい。

ここ、本当に重要なポイントです。

でも、応援してくれる人や仲間がいれば、達成率はぐんと上がります。

ですので、この書籍では、コミュニティ、「ＫＡＭＯファンディング」と連動したクラファンの成功例を載せさせていただきました。

これからのクラファンを見据えた時、そして、みなさんに「夢を叶えて」もらいたいと考えた時、私に、ほかの選択肢はありませんでした。

この書籍には、私がこの10年間で得た、すべての知識を注ぎ込みました。

いわば、応援購入型のクラファンで勝つための「トラの巻」が、本書です。

私自身、この書籍制作と並行して「初出版クラウドファンディングの教科書！を多くの方に広めたい！」というクラファンを２０２４年8月より開始しました。

１０００件以上のクラファンをサポートしてきた私ですが、実は自身のクラファンは初めてです。

まさしく、この書籍に書いた通りの方法で、自身のクラファンを進めてみました。

結果は、「おわりに」で開示しています。

ぜひ、そこだけでも読んでみてください。

そして、自分が創り出したい世界観、夢を実現するために、クラファンというツール（手段）を、ぜひ、実際に活用してみてください。

単なるお金集めだけではない、広い世界がそこに広がっていることに気がつくはずです。

それでは、みなさんがクラファンで「ファン」と「お金」を集めることができ、自分の夢を実現できることを祈って、講義をスタートさせていただきます。

目次

Part 2

クラファンを成功させるための、5つのポイント
～キャンペーンの組み立て方から留意事項まで

Part 3

クラファンを成功させるための、9つのアクション
～キャンペーンの組み立て方

Part 4

「KAMOファンディング」で自分の夢を叶える

Part 5
「KAMOファンディング」で夢を叶えた人の事例集

Part 1

まずは始める前に知っておくべきこと

Check_1

最近のクラファンについて

クラファンには、いくつかのタイプがあります。

大きく分けて、3つ。

購入型、投資型、寄付型です。

今回私が解説するのは購入型になりますが、この購入型にも、いろいろなプラットフォームがあります。

類型と特徴

類型	購入型
リターン	モノ サービス 権利
プラットフォーム	CAMPFIRE Makuake READYFOR KAMOファンディング

有名なところでは、「READYFOR（レディフォー）」「Makuake（マクアケ）」、そして「CAMPFIRE（キャンプファイヤー）」。

それぞれ系統が違います。

たとえば「マクアケ」は、日本にない新しい商品を売り出していくプラットフォームで、クラファンというよりも、新しい形のＥＣサイトだと思っています。

「レディフォー」は、被災地支援や海外支援に強い、寄付型のプラットフォームです。

「キャンプファイヤー」は、アニメとエンタメに強い。もともと、創業者の家入《いえいり》一《かず》真《ま》さんが、誰でも挑戦できるようなものをという思いで作ったプラットフォームなので、誰でもクラファンが簡単に始められるというのが、特徴です。

さらにこの購入型も、「物販型予約販売キャンペーン型」と「応援支援購入型」の2つに大きく分かれます。

通常、クラファンといった場合、日本でイメージが定着しているのは、「不特定多数から少額の資金を集める仕組み」の「物販型予約販売キャンペーン型」です。

「物販型予約販売キャンペーン型」は、ＣＤや新しいガジェットでよく使われますが、早期予約で購入してくれたら特典がついてきますよというタイプの販売の方法です。

それに対して「応援支援購入型」は、「こういうスクールを作りたい」「こういうイベントをやりたい」という、自分の夢を実現するための応援支援を募《つの》るタイプです。

実はこの応援支援購入型、コロナ禍を経験することで大きく変わったと私は感じています。

ライブハウスや飲食店救済プロジェクトや在庫一掃プロジェクトなど、お店や人を応援する文化がいい形で根付いたように見えるのです。

「応援支援購入型」一択

さて、本書は、クラファンの種類や仕組みについて細かく説明することが主旨ではありません。夢を叶えるためのクラファンの説明に特化していきます。

これまでの私の経験から、勝てるクラファンは「応援支援購入型」一択になります。

日本でイメージが定着している、いわゆる「不特定多数から少額の資金を集める仕

不特定多数から少額の資金を集める仕組み

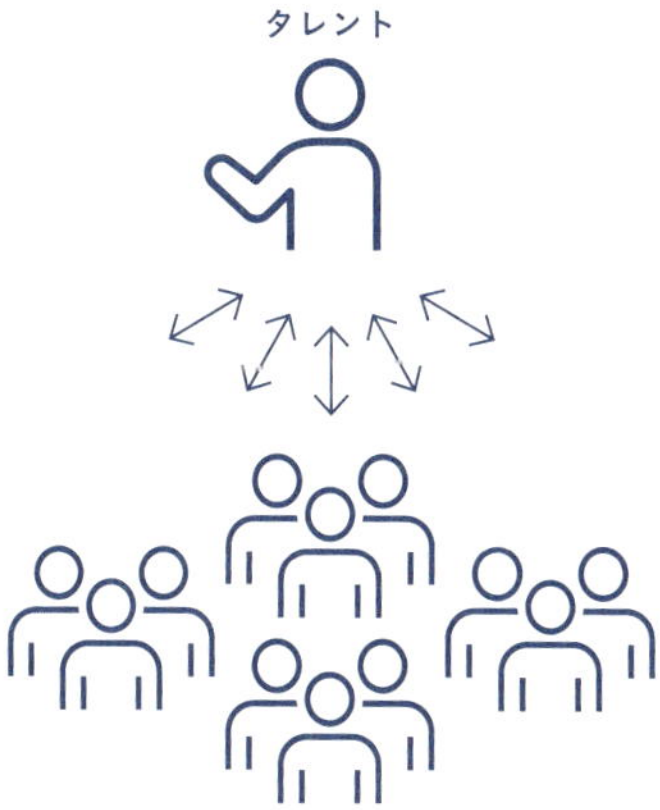

応援支援購入型

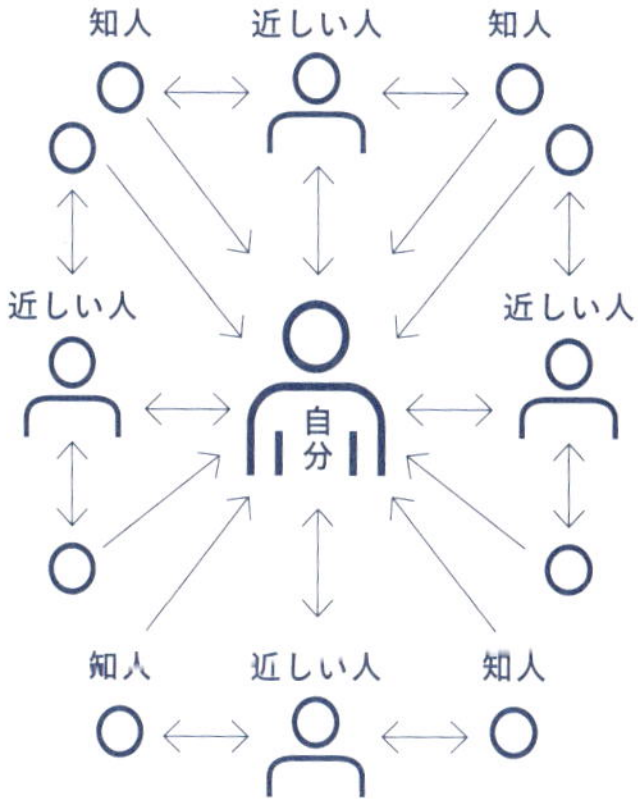

組み」は、そもそもがとても難しい仕組みです。

名前の売れているタレントさんや、有名人が広告塔となるプロジェクトであれば、それは可能かもしれません。

しかし、クラファンに挑戦する人の多くは、世間に名前の知られていない一般人です。こういう人がどれだけがんばっても、広く資金を集めるのは不可能に近いでしょう。実はこれが、これまで日本でクラファンの成功者が少ない理由だと、私は考えています。

自分の夢や目的をしっかりと語り、その上で、自分の周りの人たちから支援の輪を広げていく。

この「応援支援購入型」の手法こそが、日本で勝てるクラファンだと断言します。

特に本書では、私が運営する「ＫＡＭＯファンディング」と、ＹｏｕＴｕｂｅ講演家鴨頭嘉人さんのオンラインサロン「鴨Ｂｉｚ」との連携を元にした解説をします。なぜなら、クラファンとコミュニティを連動させることで、その可能性は無限大に広がるからです。

むしろ、私から見ると、クラファンの目的自体を変えてみるのも手だと思っています。

お金から、人のつながりへ

結局、人とのつながりが、お金にもつながるからです。

事業立ち上げと心得る

クラファンは突き詰めると、事業を立ち上げることと同じだと私は考えています。

特に、「応援支援購入型」。

商品を開発し、その販売のためのキャンペーンを張り、毎日の広告を欠かさず、購入してくれそうなところへ営業をかけていく。

本の出版、販売キャンペーン、新商品の販売キャンペーン、地域のお祭りのイベント、店舗開設、いろいろなクラファンがありますが、これは結局、全部事業です。

新事業展開スタートのクラファンは、そもそもがそうですね。

クラファンというのは、ビジネススタート、ビジネスローンチで使われるケースが多い。

ということは、一般の会社員には縁がない場合が多いので、実行者の98%が、個人事業主、会社経営者ということになります。

そして、個人事業主や会社経営者の方であればよくわかると思うのですが、サービスのローンチというのは、日々やっていますよね？

新たなスキームを作ったり、新たな仕組み作りをしたり、新しい施設を作ってチャレンジをしたり。自分の事業を拡大するために、日々やっていることです。

クラファンは一種の短期キャンペーンとしてとらえるとまた見方が変わってきます。クラファンは善意の方からの寄付支援ではありません。たしかにそういう側面もゼロではありませんが……。

今見えていない目標の外側にある事柄を取りに行くのが挑戦です。挑戦しないとステージが上がらないのはご存じの通りだと思います。

目標値が設定でき、そこに支援という巻き込みができるクラファンという仕掛けを扱えたら、事業を大きくできると思います。

現に、1年で、副業で1億円以上の支援金を集める猛者《もさ》もいます！

詳しくは「Part5」の事例インタビュー記事でその猛者の方々を特集しておりますので、ぜひご覧いただき、つながっていただけると、あなたの成功への近道になるかもしれません。

Check_2

あなたのリターンは検索購入されない

当たり前のことですが、知らない方の商品サービスの販売ページが送られてきても購入されないと思います。

通常の購入ルートは、「検索→悩みを解決するツールの購入」、という流れだと思います。

検索する時にクラファンページの検索画面から検索して購入する方はほとんどいません。

ということは、あなたのページも検索からは購入されないということになります。

クラファンの購入ルートは、コミュニティやSNSでプロジェクトページのURLを張り付けて投稿するのが基本です。

以前はチラシやポスターを街中で配布したり、プレスリリースを出したり、新聞やTVに取材に来てもらうなど、アナログで目に触れてもらうことに注力していましたが、コロナ禍で「人に会えない、外に出られない」という前代未聞の事態で、オンライン化が急速に広がり、今やほぼSNS告知が主流になりました。

ですので、SNS、特にFacebookの登録は必須です。

登録の際には、顔写真は自分自身がはっきりわかるもの、そして投稿は、自分が目指すことやモノ、夢などの投稿はしておいた方がいいでしょう。

なぜなら、よく知らない方への支援は入らないからです。
また、プロジェクトに起因しない投稿ばかりする方の信頼は高まらないからです。
まずは、毎日発信を心がけていきましょう！

Check_3
クラウドファンディングは事前予約購入であること

前項で、検索からは購入されないということを書きました。
次に知っておいてほしいことは、いまだに「クラファンは寄付行為である」という認識の方が非常に多くいらっしゃることです。

２０１６年ごろは、寄付型のクラウドファンディングサイトも数多くありましたが、今では数社しかありません。

現在では、ふるさと納税型のサイトやガバメントクラウドファンディングが一般的です。

さらに、寄付控除が使えるのも一般の方は一定の条件があるので、寄付で多くの資金を集めるのは相当難しいということは知っておいてほしいと思います。

購入型のクラファンはリターンを応援支援購入していただき、希望の支援金額を集めるというのが前提です。

そのため、どんな商品を展開し、誰に、どのぐらい販売しないといけないのかを、実施前に考えておかないといけません。

リターンの販売については後述しておりますので１０８ページを参照してください。

Check_4

プロジェクトの成功はスタートダッシュが10割！

初日の達成額は、その日に100%達成してください。これは理想ではなくて、マストです。

そのためには、

①目標金額を初日に達成できる金額に設定する
②開始時に購入してくれるように事前に仕込んでおく

この2つを実施していないと、初日達成はまず難しいです。
なぜこの2つが重要なのでしょうか？

みなさんにもよく考えていただきたいのですが、ドキドキしながらクラファンを企画して、昼夜を問わずミーティングしてページを作成し、リターンも四苦八苦してひねり出しました！

いよいよ明日の10時からスタート！　というところまでこぎつけました。

明日は朝から仕事なので、昼過ぎにのぞこう！

ドキドキするな～と思い、携帯を開けてプロジェクトページのリンクを押してみると……。

なんと、現在の支援金額０円……!!

え……。

あんなに準備して考えて、満を持してやったのに、「０円」……。

私ってこんなに影響力ないんだ……と。

一緒にミーティングをしてきた仲間も支援してくれてないんだ……という不信感が募ります。

このダブルパンチ！

落ち込む可能性が高くないですか？

そうなると、何ができなくなるかというと、ＳＮＳでの発信ができなくなります。

「満を持してプロジェクトがスタートしました！　なんと初日の支援額０円です！」

こんな投稿、できますか？

それを見た知人から、「おお！　素晴らしい。期待できますね！」などというコメントがくるわけないし、「いいね」もつかない。

あの方、大したことないんだと思われます。

発信が止まってしまえば、そのサイトを見る方もいません。


そうなんです！

初日に達成しないとこういうことが起こるんです！

こんな重要なことを書いているノウハウ本もありません。

YouTubeで発信しているチャンネルもありません。

検索をしても出てこないので、私がこの鉄則を最初に大声で言います（登録者数22万人のＹｏｕＴｕｂｅチャンネル『クラウドファンディングの学校』ではちゃんと動画にして発信しております！）。


「初日１００％達成しないとそのプロジェクトは誰からも見られません！」

「すごい！」とも、思ってもらえないということです。
どうですか？
こういう状況でも、残り期間を続けていけるでしょうか？
初日に達成しないと、そのあとのモチベーションが続いてこないですよね。

これは知っておいてほしいことです。

正直、ページの作成や完成度など「きれいで見やすいページ作成」の優先度はかなり低いです。
コミュニティがあってそこで認知がとれていれば、画像1枚に説明文30行ほどで、何千万円も集めることができます。

それでは、初日に目標金額を達成するにはどうしたらいいか？

初日までに支援してねと頼んでおく！

です。

知人に開始時にリターンを買ってね！　と事前に仕込んでおけば、初日達成確実です。

外部の方はそのことを知りません！

「初日わずか30分で目標１００％達成です！　次なるゴールは００円です！　応援よろしくお願いします！」

というような投稿をＦａｃｅｂｏｏｋでも行えば、どういう現象が起こるでしょうか？

「さすがです！　できると思ってました！」
「今後どこまでいくか楽しみですね！」
「やばいですね！」

というコメントと、多くの「いいね」がつくと思います。

ＳＮＳはすべて、どう見せるかによって影響力は作れるということです。

そんなポジティブコメントがたくさんきたらどうでしょうか？
発信することが、楽しくなりませんか？

そして、支援購入してくれた方をタグ付けして投稿を繰り返していくと、やがて知人の知人の友人に届きます！
つまりほとんど知らない方にリーチができる瞬間です。

どんなローンチを使っても、この現象は起きません。
まさにクラファンマーケティングが起こす事象なのです。
リターンの販売については後述しておりますので、１０８ページを参照してください。

Check_5

クラファンの鉄則その❶

コミュニティが最重要

想像してください！

図書館を作りたいという夢があります。

すごく画期的なことを思いつき、クラファンで資金を募集しようと思い、たった一人でチャレンジしました！

しかし、オファーできる人がいない。

SNSもそんなにつながってない。

果たしてこの企画で一般の方はいいねといってくれるのか？　と、不安がつのり、結局出せないままに終わっている方が、大勢いらっしゃるのが現状です。

ところが、たとえばどこかの社会人サークルに所属していて、その中で盛り上がる企画があり、みんなが支援をするという合意のもとで実施すれば、わざわざ仕込みをしなくても、支援者がある状態で実施できます。

そうです、支援者がいる状態でスタートするというのが鉄則です！

クラファンは集まらないと意味がありません。
失敗しても学べるじゃないか！
ということを言う人もいますが、そもそも前項でお話しした、前提条件を知った上で実施しないとまた同じ轍《てつ》を踏みます。
ですので、実施するからには成功を前提にテストマーケティングを行うことが重要です。

まずは同じ思考を持つ仲間作りから始めていきましょう！

とはいえ、仲間作り、そんなに簡単ではありませんね。
ここで、コミュニティを活用するというのは、大きな手です。

たとえば、私の運営するクラファン達成率90％以上の「ＫＡＭＯファンディング」は、「鴨Ｂｉｚ」というオンラインサロン（会費1万円。現在１７００名の国内最大サロンです）と連携します。

挑戦する事業者、事業を目指す予備軍の方々が大勢いるコミュニティです。

先日のアンケートでは、約１／３の５３０名の方が、クラファンで支援を行っているという回答が得られています。

クラファンをするなら、クラファン実行者達成者が多い「鴨Ｂｉｚ」への入会がお勧めです。

※基本は５００人以上いるコミュニティならどこでもいいですが、クラファンに支援する応援を主体としているところでないと、そもそも支援が入らないです。なぜならクラファンで応援される設計でないし、支援の仕方がわからないからです。

Check_6

クラファンの鉄則その❷

コミュニティでたくさんの方との交流が重要

コミュニティは重要ですが、加入すれば支援がもらえるわけではありません。

①あなたは何の専門家？
②どんな商品を持っているの？

ということを明確にしなければなりません。

周りの方は大人なのでそんなポイントは誰も教えてくれません。
でも、コミュニティでしたら、仲良くなってくれれば、「SNSの活用が最近ダメなんだよね〜」と、何かの席でぽろっと話せば、「あの方プロだよ！　一回話したら？」

という形で、つながりができます。
ビジネスコミュニティですから、企業や業務改善、売り上げ増進など、それぞれアドバイスを送ることのできるプロの人もいます。

Check_7

クラファンの鉄則その❸

最後は「ドブ板営業」ができますか？

前述しましたが、クラファンは検索購入されません。
リンクを直接お届けしないと支援購入はされません。
ＬＩＮＥやＳＮＳで直接オファーをし続けないと、当然買ってもらえないということです。

そこで、支援者リスト（47ページ参照）が重要になります。

クラファンセミナーのワークで支援者リストをお渡しして、そこに支援できそうな方50人を記載します。


その方ならいくらまで出してくれるか？

たとえばリターンのもの（現物）があれば、支援金額は増やせるのか？

物がなくても支援してくれるものなのか？

物がない場合はどんなリターンがいいのか？

こういうことを想定して記載していきます。


中には、一人も書けませんという方がいらっしゃいます。

まずはコミュニティの中で交流を増やして50人のリストが完成すれば、いよいよクラファン企画を練り起こして、実施まではあと少しです！

Part 2

クラファンを成功させるための、5つのポイント

~キャンペーンの組み立て方から留意事項まで

Check_8

クラウドファンディングサイトの申し込みとページ作成について

これはプラットフォームによっても異なりますが、まずは自分の企画を、申し込み、もしくは問い合わせという形で始めます。

たとえば私が運営している「KAMOファンディング」の場合ですと、「プロジェクトを始める」というところから概要を記載していただいてから面談をさせていただきます。

面談で、どういうプロジェクトをしたいのかをお聞きして、そこで必要なもの、プロジェクトページの書き方、そしてスケジュールの組み方などをレクチャーします。

スケジュール感は、たとえば5月のゴールデンウィークにイベントを実施するとして、そこから逆算して、その前の4カ月前から打ち合わせを開始します。そしてイベントの2カ月前、3月初めにはプロジェクトページとリターンを完成させて、公開をしなければなりません。

その1月から3月までの2カ月間で、どういう企画の趣旨で進めていくかの精度を上げていきます。

プロジェクトのたたき台を作成し、そのたたき台をベースに、どういう方針で行くのかを煮詰めます。

その時点で、足りないコンテンツを洗い出し、イベントの時期と会場の候補を決めていきます。

会場が決定すれば、その会場へのアクセス方法、キャパ、最初の席、何人売っていくか、お花は置けるかということも確認していきます。

ちなみに今、「KAMOファンディング」で最も多いのがイベント開催の集客と費用を集めるプロジェクトで、1000万円以上集めている企画がほぼそうです。その中でも出版関連のイベントがほとんどを占めます！

仮にクラファンを3月にスタートするとして、そのスケジュール感は、

①1月企画提出
②1~2月で、ページ及びリターン作成
③3月スタートで4月末までの2カ月間実施
④プロジェクト終了、終了月の翌々月の5日に指定の口座に振り込みます

また、この間、クラファン会議も行います。
大きく分けて以下の3つ。

①メンバー合同説明会&ストーリー会議

どういう主旨のプロジェクトかというところが固まったら、メンバーへの説明会も行います。

問い合わせの対応、管理ページの修正など、役割を決めて、プロジェクトのストーリーを話していきます。

②リターン会議

どういうリターンをどの順番で売っていくかというリターン会議を行います。たくさんのページを見ていただき、アイディア出しをし、出し合っていただいたものを、これを売りましょう、これをスポンサーチケットでやりましょうと、どういう風にリターンを組み込んでいくのかについて、打ち合わせをします。

リターンに関しては後ほど詳しく説明しますが、「商品」「サービス」「体験」という3つのブロックからリターンを作っていきます。

③リリース前ミーティング

次にリリース前のミーティング。

日時はこれでいいか、リターンは最初これでいく、目標金額はいくら、時間はこれでいくということを全体的にチェックし、問題がなければ公開準備をします。

5月のイベントだとすると、前述したように3月のたとえば第1週、金曜日の10時に公開告知をします。

公開までの段取りはこういう感じです。

公開1週間後には、ＫＰＩ（Key Performance Indicator）、「重要達成度指標」とい

う意味ですが、管理画面からPV、閲覧数や購入の分析をして、そのデータをもとに戦略会議をします。

それから最終日、終了の1週間ぐらい前のカウントダウン。

これからラスト10日、この10日間で何をやっていくかという打ち手をミーティングします。

この10日というのが非常に重要です。

極論ですが、クラファンというのは最初と最後しか集まらない。

あとは終了後、リストを使って、どういうふうに告知をしていくのか、リターンで販売した商品をネットショップに移しかえる、あとの告知をどうする、仕掛けをどうする、そこも一緒にミーティングをさせていただく場合もあります。

ということですので、公開日の2カ月前から準備をして、公開自体が60日ぐらいになります。

それからイベントが終了し、リターンの履行があります。

終了からリターンの履行終了までは、半年以内に済ませるのが望ましいと思います。

Check_9

どうしたら共感を集めることができるのか？

これは本当によく聞かれる質問です。

確かに、ここがクラファン成功の最も大きなポイントでもあります。

どうすれば共感を獲得することができるか……。

まとめてみます。


言うまでもなく、クラウドファンディングというのはウェブページです。

そのページに書かれてあることが重要です。

そのページを見た時に、「いいプロジェクトだな」「いい活動しているな」と思われないと、その先、ページを読み進めてももらえません。

読み進めた上で、感動、納得するから、３０００円入れよう、５０００円入れようとなるわけですね。

そのためにはまず、興味関心のあるストーリー仕立てにしないといけません。

ストーリーに関しては、68ページで詳しく解説させていただきますが、重要なポイントが2つあります。

ポイント1　そのプロジェクトを行う理由について述べる

まずは、あなたがなぜそれを行うのか？

あなたでなければならない理由を文章でしっかりと伝えていきましょう。

カフェをやりたい、イベントをしたい、講演会をしたい、本を出版したい……。

その時に、まずはなんでそれをしなくてはいけないのか、なんで本を出すのか、なんでイベントをしなくてはいけないのか……。

「なんで私がそれをしなくてはいけないのか」ということを、ページの冒頭で触れる必要があります。

ここがしっかりと説明できていないと、まず、ページは読み進めてもらえません。

なので、プロジェクトページの冒頭に必ずこの文章を入れていきましょう！

※詳しい記載方法や順番などはセミナーで解説しています。

ポイント2　信頼の獲得

次に重要なのが、信頼の獲得です。

ここでいう信頼というのは、集まった支援金でそのプロジェクトをちゃんと遂行できるのですか？　ということです。

たとえば、子どもたちの放課後スクールを作りますというクラファンを立ち上げるとします。その地域には学校が終わったあとに行く居場所がない。

その地域では働くお母さんが非常に多くて、子どもたちを預かってくれる場所がないから、そういう施設があれば非常に助かりますという声も聞いている。

では、放課後デイスクールという居場所を作りたい！　と実施した場合、安心安全な場所作りができるかどうかが重要です。

そこの責任者は長年居場所作りを地域で活動してきた方が行えば安心でしょう。その裏付けがないとそもそも支援が入りません。

共感を得る！

ということは、合理的な動機と信頼というのを、そのページ上に書いていかないと、これからやろうとしている活動に興味を持たれたとしても、実際にことは起こらなくなってしまいます。

クラウドファンディング共感の得方
興味・関心（ストーリー）
合理的な動機
信頼
具体的要請と社会的報酬
シェア・口コミ
期待感

Check_10

どうすれば多くの方から支援を獲得することができるのか？

ここでお見せしている目標金額設定シートは、私の主催するセミナー（巻末のQRコードから申し込みできます）に参加すると無料でもらえるものです。

まずは、50人をめどに、リストをがんばって書いてみてください。

そこにどんなリターンをアテンドできるのかを記載します。

このリストアップを作成したあとは、リストの1番から順番に、クラファンのリターンを買ってくださいと、連絡をしていくのです。

ポイントは、

予想支援金が自動計算されます。この見込み数字の7割ぐらいが第一目標金額の設定です。

目標金額（円）	
予想ご支援金額	
差額	

◆支援が見込めそうな方

	お名前	リターン内容	打診状況	予想ご支援金額
1				0
2				
3				
4				
5				
6				
7				
8				
9				
10				
11				
12				
13				
14				
15				
16				
17				
18				
19				
20				
			合計	0

「距離の近い方から順番に伝えていく」

です。

初速が最重要と説明しました。この距離が近い方が、この支援をいつやってほしいと伝えやすいはずです。

ですので、開始当初にお願いをしていくと、初日達成の可能性が高まります。

そのことをシェアや告知すると、「え！ すごい！」という反応が、必ずあります。

そうなってくると、ＳＮＳでの告知もしやすくなります。

当然、友人や、知人の方もその投稿を見られる可能性が高くなります。

クラファンサイトの画面からどういう経路で支援が入ったのかを計測できます。だいたい支援の3割程度が、まったく知らない方からの支援というのが、平均データです。

告知やインプレッションが拡散されていくことで、こういう3割の方も巻き込まれていくのですね。

☑Check_11

クラファンで300万円以上集めている人がやっていること

ここで、やるべきことの解像度を上げるために、実際にクラファンで成功している人がやっていることを見てみたいと思います。

成功している人を私が見ると、3つのポイントがあります。

成功実例！300万円以上集めている人の特徴
◎事務局・ボラスタを集められる
◎専用リターンが10個以上頼める！
◎アドバイザーがついている

ポイント１　サポートするチームが作れるか？

クラファンで３００万円以上集める人を見てみると、単独、一人でやっている人というのは、ほとんどいません。

ある程度知名度のあるインフルエンサー、自身で事業をやっている人でしたら、サポートするスタッフがいます。

こういう方々は忙しいので、発信をするだけです。

ほかの問い合わせ業務や、リターンの作成、リターンの返信など、期間中にやらなければいけないさまざまな業務は、チームスタッフが行っています。

発信自体も、ライブ配信を毎日することが必須ですので、サポートしてくれる事務局、そしてボランティアスタッフ（ボラスタ）は必要になります。

ポイント２　スポンサーを10人の方にお願いできるか？

３００万円を集める時に、５００円とか１０００円のリターンをたくさん売ること自体、すごいことなのですが、30万円、50万円、１００万円の高額リターンを購入してくれる人の数が増えれば、支援金の底上げができます。

たとえば50万円のスポンサー（※）の方が3人いたら、いきなり初速150万円です。

このスポンサー、高額に支援してくれる人をどれだけ集められるかということは、成功の大きなカギになります。

「支援者1／3の法則」というものがあります。目標額の1／3は、友人・知人で集めないとクラファンは成功しないという法則です。

そもそも、目の前の人の心を動かせなければ、夢など叶わないと思います。

まずここを、専用リターンという形で固めて、第1目標額を初日で達成して、支援者にもドヤれるようにしておきましょう。

支援者の固め方については、「Part3　Action3」の「支援想定者のリストアップ」も参考にしてください。

※このスポンサーを集める時に重要なポイントが1つあります。これを踏まえないとそもそも高額支援が入りません！　これは書面では書けないのでセミナーにご参加ください！　高額支援させるコツを伝授します。

専用リターンでなぜ、 成功確率が上がるのか？
初日に達成すること、 閲覧数と精神がアップ
目の前の人の心を動かせるのか？
社会的弱者にやさしい設計ができる
ドヤれる設計をすることで、 価値を上げられる

KAMOファンディングで多く見られる
専用リターン！

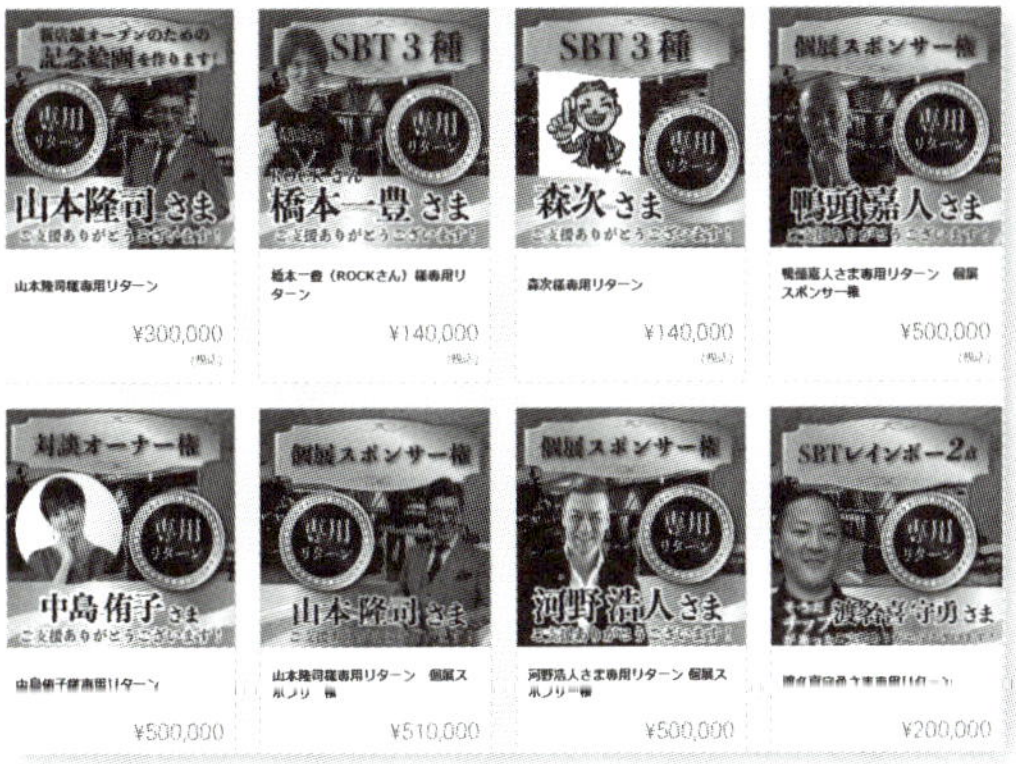

ポイント3　アドバイザーがいる

ごく一般的には、みなさん、ほとんど自分自身でクラファンサイトに申し込みをして、企画を作って、ページを作って、リターンも考えられていますが、そこに対してのアドバイスは誰もしてくれません。

「このリターンが売れます」
「こういうリターンにした方がいい」
「ページはこういうふうに変えた方がいい」

こういうアドバイスは基本的にしてくれないんです。

クラファンを始めるのであれば、最低でも500件以上の経験を積んでいる人から、常時アドバイスを受けられる状況にしておく方がいいです。

数件しか成功していない程度の人はダメです。参考にはなりません。ただの御用聞きにしかなりません。

300万円以上集めている成功者は、必ずこの3つのポイントはクリアしています。サポートするチームがいる、スポンサーを10人以上集めていく、アドバイザーがついている。

この3つのポイントが重要だと思います。

Check_12

クラファン初心者が陥るワナ！ 7選

クラファンはじめての人が陥るワナ、7選！
1. 集めたい金額MAXを目標金額で実施する！ 2. 開始してから告知を開始する！ 3. 社会的にいいことを掲げているから、支援が集まるという勘違い！ 4. 巻物みたいに、自分の思いを長々と語る長文プロジェクトページ 5. 安いリターンを山ほど出しているパターン→自信のなさが透けて見える 6. 話したこともない遠い知人に、支援のお願いの長文メッセージを送る人！ 7. 寄付性の高いリターンを並べる人。または、リターンを2〜3個しか出していない人！

クラファンで３００万円以上集めている人がやっていることの紹介の次に、逆に、クラファンで失敗している人の特徴を説明してみます。

ここでも、いろいろと注意すべきポイントが見えてきます。

逆に言えば、成功するためには、まさしく、この逆のことをやればいいわけですね。

それでは見てみましょう。

ポイント１　集めたい金額をＭＡＸで開始する方

よくあるのが、たとえばイベントのクラファンをやろうとします。

そしてそのイベントに３００万円の費用がかかるとします。

そこでみなさん、ネット検索などで、同じ規模の３００万円を達成したプロジェクトを参考にして、目標金額を３００万円にして、リターンの設計をしてしまいます。

これは、ほとんど成功しません。

なぜかというと、この時、達成した３００万円の裏側というものが見えていないからです。

実際、強いコミュニティがついていたり、告知の方法に工夫があったりと、その裏側はまちまちです。

告知の方法を例にとってみます。

私が知っている1つの成功例としては、３００万円を最終目標にしますが、まず第1目標として、30万円を目標額にします。

小さい額からのスタートが肝ですね。

66ページで説明しますが、３００万円でスタートして、初日に30万円しか集まらなかったら、盛り上がっていないプロジェクトだと認識されて、そこからの展開が難しくなりかねません。

目標金額が30万でスタートしたら、初日で１００％達成です。

第1ゴールを達成したら、次は１５０万円をセカンドゴールとして目指していきます。

１５０万円が集まったら、最終ゴールの３００万円を目指す。

その間に、リターンのメニューも細かく変えていくことが大事です。

ゴール設定を小さい目標からステップアップして、３つのゴール設定をしてから集めていく方法がいいと思います。

ところが、ここで集めたい金額のＭＡＸを目標金額に設定してスタートし、失敗する人が、本当に多いのです。

ポイント2　開始してから告知を開始する方

これもあるあるです。

クラファンを開始してから告知を始めている人が、なんと多いことか……。

「クラウドファンディング、今日から始めました！」

「えっ、いきなり？」「えっ、初めて聞いた。えー、びっくり！」みたいなコメントがたくさんつきます（笑）。

さすがにバクチ性が高くないですか？

そもそも、その初日のそのタイミングでSNS上の告知を見られる人というのは限られてきます。

みなさん、お忙しいので……。

そうすると、初日に支援も集まらず、発信もしにくくなってしまいます。

もちろん、いきなり始めて、集まるプロジェクトもあるにはあります。

著名なインフルエンサーや、タレントさんですね。

でも普通は、前述した通り、2カ月前ぐらいから告知をして、オファーをかけていく。

ご自分のネットワーク、支援をお願いできそうな人のリストを作って、「こういうことをやりますから、クラファンを開始する時、ぜひご支援ください」と、そのリストの全員にオファーをかけていく。

公開する前から、地道に告知をするということは、鉄則です。

ポイント３　社会的にいいことをしているから集まるという勘違い！

これはＮＰＯ法人がやるクラファンに多いのですが、社会的にいいことを掲げているから、きっと支援も集まると勘違いをしているプロジェクトオーナーがいます。子どものため、社会のため、地域のためにやっていますというアピールですね。でも私に言わせれば、それって自分がやりたいことですよね、結局は。だとしたらやはり、なぜそれをやるのかという理由をしっかりと説明しなければいけません。

素敵な理念に寄りかかってしまってはいけない。

こういうタイプのクラファンのリターンを見ると、やはり寄付、寄付、寄付なんです。これではなかなか集まらないです。

実際、日本のクラファンで昔、寄付型がいっぱいあったのですが、今はほぼありません。

残っているのは「レディフォー」、「キャンプファイヤー」の「グッドモーニング」くらいでしょうか？　一般的に寄付型を普通の人がやるのは難しいんですね。

ポイント4　巻物のような長文ページ

思いが強いのはいいことなのですが、「こういう社会課題があります」「私はこういうことをやります」「こんな思いがあるんです」ということを、延々と巻物みたいに書いている人がいます。

これもなかなか集まりにくくなります。

途中で離脱もしてしまいます。

自分の思いは分かるけど、やっぱり簡潔にしていかないといけません。

どんなことをするのか、集まったあかつきにはどんな世界を作りたいのかということを、しっかりと、でもできるだけ簡潔に書いていかないといけません。

ポイント5　遠い知人へのお願い？

これもありがちなのですが、クラファンを始めて、Ｆａｃｅｂｏｏｋで薄々つながっているような人、いわゆる遠い知人に支援をお願いする人がいます。

こういう思いで、こういうプロジェクトを始めましたという長文メッセージを送られてきても、そういう人には響きませんし、迷惑ですらあったりします。

ここはやはりちゃんとお会いして、こういうことを私は考えているので、よろしくお願いしますと、一人一人にお願いするのが筋だと思います。

クラウドファンディングの拡散の流れ

1. 距離が近い人から支援のお願い
   - ●開始時に達成が理想！
   - ●「え！スゴイ！」が増大
2. 友人の知人に支援の輪が広がる
   - ●支援が増えていることが拡散される
3. 一般の人の支援が始まる！

ポイント6　山ほどの安いリターン

まず大きく目立つのが、安いリターンを山ほど出しているパターンです。

目標金額は３００万円なのに、５００円とか１０００円のリターンをいっぱい出してくる。

３０００円のリターンは缶バッジとポストカードです。

５０００円は缶バッジとポストカードとＴシャツがついてきます。いりますか？

１万円だったら缶バッジ、ポストカード、Ｔシャツにプラス何かをつけます。

５万円だったら、缶バッジ、ポストカード、Ｔシャツに……。

いらないいものがどんどん増えていく。

これだったら、イベントの時に告知しますとか、受付に購入者の名前入りの花を飾りますとか、そういうものでいいと思います。

安いリターンを山ほど出すほど、自信のなさが浮き彫りになります。

商品のクラファンでしたら別ですけど、金額が上がれば上がるほど、商品っていらないものなんです。

もう1つ、寄付性の高いリターンも難しいです。5000円でお礼の手紙、1万円でお礼の動画、3万円でお礼の手紙とお礼の動画がついてきますというようなパターンですね。

ポイント7　少ないリターンを出している方

たとえば、リターンが3つしかない。

非常にリターンが少ないケースも論外です。

えてして、そういうプロジェクトほど、プロジェクトページもぼやけているし、何をやっているのかわからなかったりします。

当然、リターンも考えられていない。

Part 3

クラファンを成功させるための、9つのアクション

~キャンペーンの組み立て方

Action_1

目標金額の設定

これは、ここまで、再三にわたって解説してきました。

「初速がダメなら、達成は難しい」

これに尽きます。

たとえば「KAMOファンディング」では、初期設定の目標値は、だいたい30万〜50万円にしています。

そこで、初日にその目標値に到達する仕込みをします。

仕込みというのは、何月何日何時のオープン時にそこで購入してくれる人を集めておくことです。

大きな額ではなくても、初日に目標値を達成すると、やはり精神衛生上いいですし、傍目《はため》からも盛り上がっているように見えます。

そうするとエンゲージメントも高まりますので、ぜひやってほしいと思います。

次に、セカンドゴールも大事です。

第1目標は達成しました。

次に「さらなるゴールを目指します」という形でセカンドゴールを設定します。

たとえば初回の目標設定が50万円だったとしたら、次は100万円というように、到達しやすい金額を設定します。

クラファンは、だいたい初日〜3日後でいったん閲覧数が下がります。

そこが大事なポイントです。

仮に金曜日にスタートしたとして、土曜日〜月曜日の間で収まるので、火曜日〜水曜日くらいに、「ご支援ありがとうございました」という告知を打ち、さらに、「これだけの金額（セカンドゴール）が集まると、イベントの内容がこう大きくなります」というようなセカンドゴールを設定して、さらなる支援をお願いします。

セカンドゴールを達成したら、次はサードゴール、そして最終ゴールです。

もちろん、最終ゴールまでの間は、プロジェクトの内容によっても変わってきますが、最終ゴールまでに複数回、支援を集める場を作るということが大切です。

傾向だけをいえば、途中マイルストーンをおいて、だんだんと上げていくというやり方を行っていただいた方が、より多く集まります。

Action _2
ストーリーの準備

クラファンのページを作成する時は、やはりストーリー、物語で訴えられるようなページを作成していただきたい。

順番はこうです。

1段落目　プロジェクトの概要（なぜ、この企画を行うのかという理由）

まずは簡単に何を行うのかを記載。そして今回のクラファンはこういう目的で、こういうイベントを行います、こういう場所を作ります、そこで私がこういう活動をするので、この活動資金を集めていきますという、なぜ私がしないといけないのか！と理由を述べます。ここが最重要です！

2段落目　成功したら実施したい世界観

このプロジェクトが成功したらどんな世界を作りたいのか、プロジェクトを行う理由を記載します。

「アプリを開発したい！　このアプリが完成したあかつきにはこんな世界が広がります」

など、誰のどんな課題を解決するのかをまとめます。

3段落目　商品・サービス・イベントの概要

その商品はどんな商品なのか、そのサービスはどういうサービスなのか、たとえばアプリを作りたいのであれば、その仕組み、ログインの方法、どんな形でやっていくのか。イベントであれば、会場、席数、アクセス方法などを書きます。

ここで気をつけたいのが、製品概要のエビデンスです。

共感を生むストーリーの組み立て方

1. プロジェクトの概要
（何をするのか？　なぜするのか？）

2. 成功したら実現したい世界観
（誰のどんな課題を解決するのか？）

3. 商品・サービス・イベントの概要

4. 活動歴
（あなたは何をしいて、何をしてきた人なのか）

5. 支援者様に向けて（所信表明）

6. 資金用途
（支援していただいたお金の使途）

7. リターン購入の注意事項（箇条書きで！）

8. 最後に一言
（誰と何を作っていくのか、語ってください）

9. 起案者情報
（団体概要、メンバーや協会、会社の紹介）

製品に関して検証データを含むさまざまなデータは、長々と書く必要はないと思います。

興味のある人には商品詳細ページ、別リンクに飛ばしてそちらを見ていただく。プロジェクトページに詳細を長々と書くと、離脱率が高くなりますので、気をつけてください。

4段落目　活動歴

いわゆるプロフィルです。

今までにやってきたことを、時系列で記載します。

これまでこういうことをやってきた人間で、だからこういうプロジェクトを立ち上げたのだという、成功を確約するエビデンスにもなりますので、しっかり書いてください。

5段落目　支援者様に向けて

こういう思いで、精一杯がんばっていきますということを書きます。

所信表明ですね。

6段落目　資金用途

クラファンはもちろんお金を支援していただきますので、その使途を書きます。

7段落目　リターン購入の注意事項

たとえばイベントの場合、チケットは郵送されるのか、QRコードのみなのか？

何かトラブルが生じた際の、受付での対応。

複数枚同時購入の場合にはどうなるのか？

そういう注意事項を記載していただきます。

原則クラファンでの購入は、キャンセルができません。

クラファンでは即時決済を行っているケースが多いので、システムの仕組み上、キャンセルができない。

それでもキャンセルを受け付ける場合には、どうするのか、そういう記載も必要です。

8段落目　最後に一言

改めて、支援をしてくれる人たちの顔を頭に浮かべ、最後のお願いをしてください。

9段落目　起案者情報

あなたのチーム、会社を紹介してあげてください。

上記、1～9の項目でページを構成すると、物語として整うと思います。

※ページの構成や文字数、画像枚数、タイトルのつけ方などは、セミナーで説明しています。

この書籍購入者特典で40分個別面談がついていますので、ぜひ申し込んでください！

Action_3

支援想定者のリストアップ

こちらも、これまで解説してきた通りです。

事業資金を銀行から借りた経験がある方でしたらわかると思いますが、銀行からお金を借りる際、事業計画書というものを出します。

集客数、単価、販売数、そして売上。

原価、販管費、その他もろもろで、営業利益がこれくらい。

そういう事業の計画を提出するわけです。

正直なところ、集客数や販売数は、あくまでも見込みです。

つまり、絵に描いた餅でしかない。

それに対して、クラファンでは、誰に何をどのくらいの金額で購入してもらえるかということを具体的に想定した支援想定者のリストアップから始めます。

ここで50人くらいはリストアップできないと、難しいかなと思います。

中には、やってみないとわからないじゃないかと言う人もいます。

でも、考えてみてください。

仮にあなたが何かの専門家だったとしても、その実績も見えない、どんな人間かもわからない……。

その上、これまでまだなかった商品、売ったことのないサービス……。

そんな商品を、まず、買わないですよね。

だから、まずは知っている人、仲のいい人から応援購入という形で始めないと、難しいんです。

だからまず、リストを作って想定金額を出す。

そこで出た金額の7割くらいを見込んだ状態で、スタートする方がいいでしょう。

Action_4

ランディングページ（プロジェクトページ）の作成

Ａｃｔｉｏｎ２の「ストーリーの準備」に沿って記載していきます。重要な点が２つあります。

1. 画像の使い方

プロジェクトの魅力を引き立たせる絶対的要因というのは、やはり画像です。この画像サイズが縦であったり、小さかったり、大きかったりすると、やっぱり見づらいんですよ。だから横の画像で統一していただいて、大きさも全て統一していただく。

さらにできるだけ起案者さんの顔が写っている、人の顔が写っているものが適しています。

2. ストーリーの強化

支援を集めるためには、やはり、いいプロジェクトをやっているねと思われるような、強いストーリーが必須です。

製品やサービスがどのように誕生して、支援者の方の支援がどのように活動に貢献するのかということが明瞭にイメージできるような、ストーリー作りは必要です。

このランディングページをしっかり作っていないと、適当なプロジェクトだと思われかねません。

多くの方は、特別なインフルエンサーでも、芸能人でもないと思います。

であれば、このランディングページこそが、顔になります。

イメージだけでも、しっかりと伝わるものにするべきではないでしょうか？

Action_5

自分のプロジェクトページを知ってもらうには？

クラファンでは、自分のプロジェクトの概要を知ってもらうにも、そこで共感を得るためにも、支援額を集めるためにも、プロジェクトページを読んでもらわないと始まりません。

「Ａｃｔｉｏｎ４」で解説したプロジェクトページの作り方を、もう少し深掘りしてみましょう。

ここは重要なポイントなのですが、クラファンというのは、ほかの商品と違い、検索での購入がされません。

では、どうやって購入に結びついているのか？

知り合いや、自分の尊敬する人がイベントをやる、夢の実現に向けてがんばっている、そういう姿を見せられて、支援をした。

と多くの方が話されています。

要は、つながり、ネットワークを活かして認知を広げていくことがキーになります。

そうなると、インスタグラム、Ｘ（旧ツイッター）、ＹｏｕＴｕｂｅといろいろありますが、私はＦａｃｅｂｏｏｋ一択だと思います。理由はつながりが見えるからです！

ここで効果的な発信をしていく。

その際、Ｆａｃｅｂｏｏｋで今までの発信履歴がないと、さかのぼって見てくれないので、クラファンを始めるのでしたら、友達限定の設定は避けて、全部公開にする。

自分の顔写真、自分の思っていること、自分の住んでいる地域、好きな食べ物、趣味、できるだけ自分の情報は公開する。

どこで引っかかるか分かりませんからね。

「山登りが好きなんだ」

「えっ、僕も山登りする」

「えっ、富士山行ったんですか」

「僕も行ったんです」

出身地とか、つながる部分が多ければ多いほど、交流は濃くなります。

告知をすれば、結構みなさん、見ますよ。

誰々さんの友達がこんなことを始めたんだ。どんなページがあるの？　ああ、こういうことやっているのかとか、なんか講座やるんだね、なんかイベントやるんだねと……。

その時に、できるだけ、自分というものがわかるような状態になっていることが望ましいです。

つながりがあって初めて、みなさん購入まで進んでくれるわけです。

さて、ここで、リンクにたどり着くまでこぎつけたとします。

ここではもう、自分がどんな人間で、何をしようとしているかの情報は伝わっているはずです。

ここからもう一段、仲良くなる方法は、私はライブ配信だと思っています。

その人の肉声を聞くと、そのプロジェクトに対する思い、考え方、さらには当人の人柄まで、数パーセントは理解が進むと思っています。

こういうステップを踏んでいくことが重要です。

まずは「認知」、それから「交流」、そこから「もっと深く知ってもらう」。

この3段階をきっちりステップとして踏んでいく。

クラファンでは、だいたい開始してから2週間後ぐらいで支援が上がっていくのもそのためだと思います。

基本的には普通のビジネスと同じです。

まずは告知をして、自分のことを分かってもらって、ライブ配信を聞いてもらって、もっと交流を生んでもらって、たとえばリターンの中に会うランチ会とか、会える権利を売る。

そうすると、じゃあもっと知ってみたいなという人が来るかもしれない。

1人でもいいし、2人でもいい。

会うことができれば、もっと支援をしてくれる可能性も出てきます。

この回数をできるだけ増やして、地道にたくさんの支援、応援に結びつける以外に手はありません。

成功するプロジェクトページとは?

では、最初に公開するプロジェクトページは、どういうものにすればいいのか、悩みますよね?

これまで1000以上のプロジェクトを立ち上げてきた私でも悩みました。

ページのパターンは、タイトルがあって、画像があって、文章がある。そしてまたタイトルがあって、画像があって、文章がある。これがセットになります。

その中で、わざと長文にしてみたり、写真を何枚も並べてみたり。タイトルと写真だけが目立つものとか、それこそ、いろいろと試してみました。そうした経験を経て、データを取った上で、私のところでは最適なものをテンプレートとして提供しています。

どういうセットかというと、まずタイトルがあって、プロジェクトの概要があります。概要があってプロジェクトの中身がわかりますから、これは重要です。

その後、写真があって、文章がある。

文章を読み進めると、またタイトルがあって、画像が見えてくる。

その画像を見ると、また文章が見えてくる。

その繰り返しです。今はみなさん、スマホで見る人が多いですから、この連続で離脱率が抑えられる。

その流れの中で、経験則的に重要だなと思うのが、「きっかけ」です。

みなさん、プロフィルや自分の思いのたけを書き連ねたがるのですが、一番フックになる、読む人の興味を引くのは、「きっかけ」です。

講演会をやりたい、イベントをやりたい、本を出版したい、そこにいろいろな思いはもちろんあるのですが、そうしたいと思ったきっかけがあったはずです。

ここを本当にしっかりと書いていただきたい。

さらに、そのあとの展開。

仮に本の出版でしたら、その本を出したあとにどういう世界観を作りたいのか、どういうことをやっていきたいのかと、しっかりイメージを伝える。


まずは「概要」があって、「きっかけ」があってどういうふうな「展開」をしていきたいのかということ。この３つが非常に重要です。


あとけっこう私も毎日ページを見ているのですが、写真の画素数が低いとか、縦の画像と横の画像が混在してページが見にくいなどは論外ですね。

もちろん、ちゃんとしたページだからといって、リターンがたくさん売れたり、支援金がたくさん集まるわけではありません。

でも最低限、アクセスも増やし、いいよねという共感も増やすためにも、ページは良く考えて、しっかりとしたものを作りたいですね。

Action _6

リターンの作成

（108ページのAction12も参照）

リターンとは、

「自分自身のスキルの棚卸」

です。

自分のスキル、できることを全部棚卸しして、商品化、メニュー化をします。
その上で、自分の商品の深掘りをします。
イベントや講座の販売。
たとえばサービスのチケットを販売しようとした時の金額帯。
類似の講座の金額帯に較べて高いのか安いのか。
次にどういう講座内容にするのか。

そしてその商品販売をどうするのか。

当然、クラファンは、手数料もかかります。たとえば商品の場合、そこに送料も乗ってきますから、売れたのに、最終的にマイナスになったというケースもあります。

その意味で、これはクラファンに限ったことではありませんが、原価をしっかりと管理することは大事です。

たとえば、リターンの中に、原価がかからないリターンというものを半分くらい入れておく。つまりライブ配信権や面談券などです。

そうすると、もともと原価30%くらいで落ち着きそうなところだったのが、一気に15%まで下がったりします。

単に自分の売りたい商品を売るのではなく、原価計算の意識をしっかりと持って、商品のラインアップを構成することが重要です。

もちろん、単価自体を上げて調整することもありです。

リターンの種類（ほんの一例です）		
現物	限定商品	経験・体験
名前を入れる権利	イベント招待	イベントで告知できる権利

Action_7

サイトの閲覧数を増やす

サイトの閲覧数が増えると、支援金も比例して増える。

これが原理原則です。

ＫＰＩ画面、閲覧数のグラフ、それから日々の支援金額のグラフがあります。

これを見比べると、ＰＶ、いわゆる閲覧数が高いと支援率も上がっていく。

閲覧数が増えたのに、支援金が全然入らないということは、まずないです。

ということは、あなたのプロジェクトページをできるだけ多くの人に見てもらうということが、絶対条件になります。

もちろん、ページを見てくれただけでは、なかなか購入には結びつきません。

今、多くの支援を集めている人がやっているのが、Ｆａｃｅｂｏｏｋライブです。

単独でもいいですし、誰かとのコラボ、グループでやるのもいい。

当社は、「ＫＡＭＯファンディング」で月に１回、ライブ配信をやっています。

いろんな方に主催者を知ってもらいたいという主旨で、ゲストの方もお迎えさせて

閲覧グラフからわかり、重要ポイント
支援と人の興味には相関関係がある
重要！スタートダッシュの仕込み
終了7日前からのカウントダウンライブ

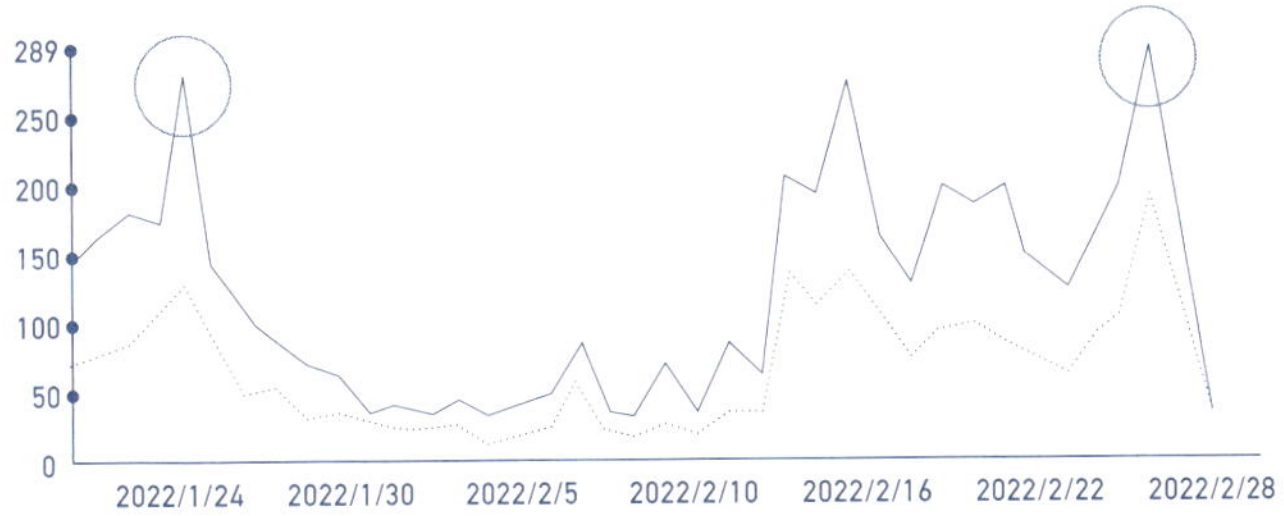

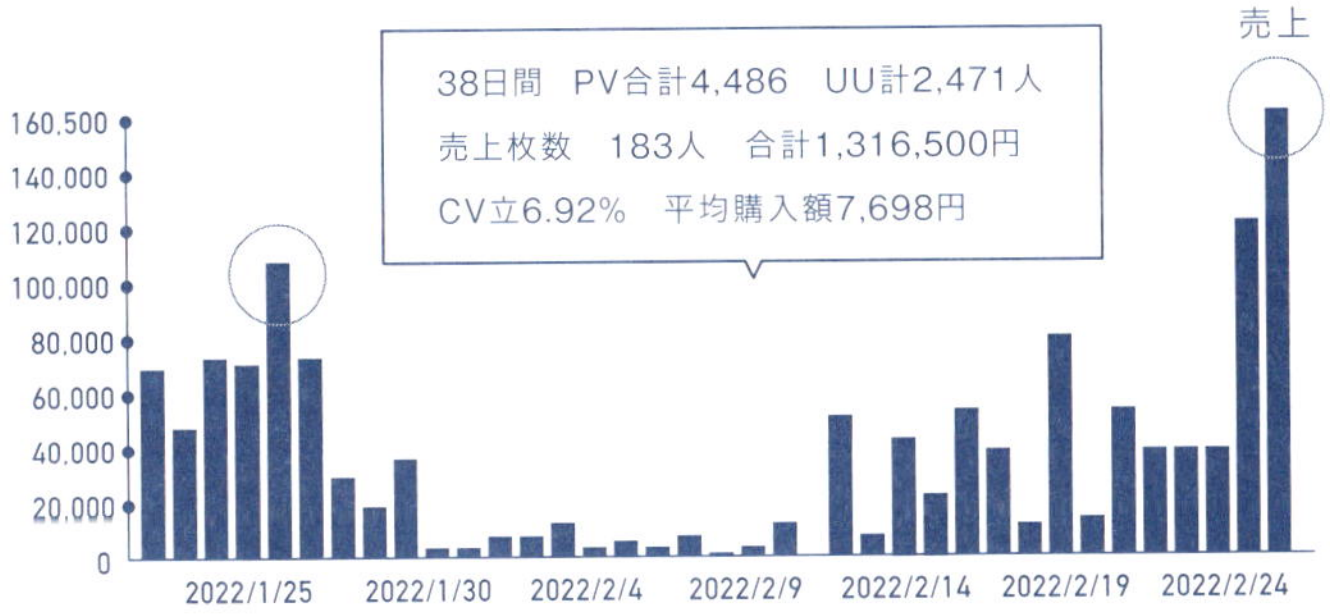

PVと売り上げが比例する

いただいたりしています。

基本的には、今、こういうライブ配信が主流です。

ブログの購読者が1万人、メルマガの会員が3万人、インスタのフォロワーが15万人いますというやり方が難しくなっている。

Ｆａｃｅｂｏｏｋだと、仮に友達が５０００人くらいいても、アクティブなつながりは２００〜３００人くらいだったりしますよね。

でも、それでいいと思います。

なぜＦａｃｅｂｏｏｋライブかというと、クラファンでは、この人、誰とつながっているのかな、どういうことを発信しているのかなということが見られます。

そこでの信頼度が高いのが、Ｆａｃｅｂｏｏｋなんです。

ですから、期間中は週に３〜４回はやっていただきたいです。

「やったことない」

「大変なんじゃないか」

と思われる方もいらっしゃるかもしれませんが、そもそもが、やったことのないことに挑戦するのがクラファンです。

ぜひ、やってください。

やらない＝告知不足になるだけです。

まずは、自分のアカウントから、配信を一度してみてください。

意外といろいろなところにアラが見えてきます。

通信状況が悪いようでしたら強いＷｉ－Ｆｉを入れた方がいいですし、乱れ方がひどかったら有線を引くことも考えた方がいいでしょう。

声と画像のチェックも重要です。

マイクは必須です。

固定式のマイクでも、ピンマイクでも、まずはつけた方がいいです。

パソコン画面の上につけるカメラ、そしてライト。

配信環境は、できるだけ整えてください。

ほかには自分の画角。

どの角度が美しいのか。

美白、美肌効果の設定もできます。

前述した通り、何も知られていないあなたは、まず、できる限り、いい印象を持ってもらうための努力は惜しんではいけません。

Action_8

プレスリリース

検索購入などはされないクラファンですが、クラファンのプロジェクトそのものを広く知ってもらうためには、プレスリリースを活用するという方法があります。

リリースをしたからといって、必ずメディアに取り上げられる保証はありませんが、1リリース3万円くらいですので、ぜひ、やった方がいいと思います。

この時に気をつけるのはただ1つ、「ニュース性」です。

基本、リリースする内容はプロジェクトページの中身になりますが、ここでは、ここまで重要だと私が書いてきた「ストーリー性」よりも、「ニュース性」が大切になります。

なぜか？

考えてみれば簡単です。

プレスリリースを受け取る側のメディアは、毎日、何千何百というリリースを受け取っています。

そこで、目にした時に、ニュース原稿にしやすいなとわかるタイトルがついていれば、まずはそれを取り上げます。

タイトルのほかには、簡単なプロジェクトの概要、主催者のプロフィル……。

そして、特にネット系のニュースメディアで重宝される印象的な画像を２〜３点。

この要素が、Ａ４で２枚までにまとめられていることが肝要です。

配信会社では、「ＰＲタイムズ」「アットプレス」あたりが大手になります。

それぞれメニューなども違いますので、自分でやりやすいと思った方を選ぶといいでしょう。

Action_9

終了後のフォローアップ

最後に、終了後のフォローアップ。

これは最も大事です。

クラファンでチャリンと落としてくれた人を、ちゃんとリストアップして落とし込んでいくという作業ですね。

これは絶対にやってほしいです。

それからクラファンで売れた商品の継続販売ですね。これもぜひやっていただきたいです。

ＬＩＮＥグループ、Ｆａｃｅｂｏｏｋグループ、ぜひやってください。

継続販売をするためにも必要です。

クラファンは一回勝負ではありません。

実際、そうしたフォローアップを続けることで、支援金の10倍くらいを売り上げている方もいます。

特に「KAMOファンディング」では、クラファンで生まれた商品の継続販売が同じアカウントで作れますので、公式ストアで売った商品を継続して売っていきたいという人は、ぜひご一報いただければ、ご説明させていただきます。

Part 4

「KAMOファンディング」で自分の夢を叶える

Action_10 「KAMOファンディング」で成功する人の特徴

ほかのサイトとは、KAMOファンディングはここが違う！

1. 掲載審査は、最短翌日！
   リターン追加申請は、
   最短1分で即答！

2. ページ本文（共感性）と
   リターン内容（充実性）が
   ないと掲載不可

3. 「鴨Biz」内で、クラウド
   ファンディングのお悩み相
   談を鴨頭さんに質問可！

4. 鴨頭さんが宣伝してくれる
   可能性大！

5. 実行者と積極的に
   つなぎます！

6. 月間「KAMO
   ファンディング」に出演可！

KAMOファンディングデータ
◎事業者の方が98%！ ◎実施者は、女性4：6男性 ◎支援者は男女ほぼ半々。 7割は鴨頭さんのファン ◎成功率は91%（約@9000円） ⇔一般成功率30% ◎サポートありの実施が9割

なぜ、90%の達成率が可能なのか？
1. 掲載の90%以上が、 サポートありのプロジェクト！ 2. コミュニティメンバー同士の 応援支援が多い（鴨Biz） 3. 支援を集めるコツとハウツーを提供！ コラボライブ　合同リリース 4. 事前の専用リターンを設計し、 初日に目標額を達成 5. 審査・リターンチェック、および 掲載を即日で行い、機会損失を防ぐ

さてここで、私が運営する「ＫＡＭＯファンディング」では、どういう人が、どういうやり方で成功しているかについて、解説したいと思います。

「ＫＡＭＯファンディング」は、２０２１年７月、ＹｏｕＴｕｂｅ講演家の鴨頭嘉人さんと私で、一緒に始めさせていただきました。

「鴨Ｂｉｚ」という、鴨頭さんのオンラインサロンが運営するコミュニティファンドです。

コミュニティファンドと言ってもクラファンと同じです。

「ＫＡＭＯファンディング」の特徴は、特別なインフルエンサーでもなく、芸能人でもなく、本当に一般の会社員の方や起業されている方が掲載をしていることです。

その一般の方が、この３年間で約21件、１０００万円超えを達成しています。

全体の件数が２５０件になりますから、21件ということは約１割の人が１０００万円超えのプロジェクトを実際に叩き出しているということになります。

累計では９億２０００万円。

２０２４年７月で４年目になりますが、会員登録数が約５万人です。

プロジェクトで多いのが講演会、イベント、出版の３つです。

この中で手応えを感じているのが、出版記念講演会イベントです。

実際、最も多くプロジェクトが立ち上がっていて、最も多く購入もされています。

通常、イベントを開催して、１００人を集めるのは大変です。

ところが、「ＫＡＭＯファンディング」では、３００人、４００人、５００人を平気で集めています。

書籍の出版と講演会の抱き合わせ、これが強い。

そして、クラファンとの組み合わせが、さらに強い。


「ＫＡＭＯファンディング」では、２０２３年からやっている企画があります。

合同クラウドファンディングという企画ですが、一定期間、いくつかのクラファンを一緒にやります。


リリースも合同で打ちますが、おそらくまだ、どこのサイトもやっていません。

何がいいかというと、クラファンというのは、ともすると孤独な闘いになりがちです。

支援が伸びなければ、心も折れたりします。

そこを、いくつかが一緒にやる。

ほかのプロジェクトの進捗が励みになったり、刺激になったりもしますし、何かあ

KAMOファンディングの合同クラウドファンディング

れば、お互い情報の共有をすることもできます。

一緒のグループに入って、複数件のプロジェクトと勉強会をやったり、お互いライブ配信をやったり、お互いイベントに行ったり、購入をしたり……。

同期生ならではのコミュニケーションも生まれます。

2024年3月で5回目を終えましたが、52件実施して、集めた総額は3億8000万円、成功率に至っては、100%です。

達成率で言えば、400～600%です。

平均で、目標金額の3～4倍の額に着地しています。

支援額の平均は730万円くらい。

企画としては大成功だと思います。

新しくクラファンをされる方は、コミュニティメンバーの支援が最も多くもらえているので、このイベントに参加することが、1つの成功の秘訣なのかなとも思います。

「KAMOファンディング」の特徴として、もう1つ、「相談」があります。

「こういう企画はクラウドファンディングに合っているんですか」

「私はこういうふうなことをやろうと思っているんですけど、どれぐらい集まるんでしょうか」

こういう質問に、面談にて無料でお答えさせていただきます。

「こういうふうな設計が重要ですよ」

「こういう落とし穴があるので気をつけてください」

「今はちょっと集めにくい時期かも分からないので、少しずらしましょう」

30〜40分、アドバイスも含めた面談です。

一度面談をしただけでスタートして成功する方はなかなかいません。

しかし、いろいろと試行錯誤をされて企画を進めた方は、ほぼ100%成功しています。

まずアドバイスをさせていただきますので、整えてからやってもいいんじゃないかなと思います。

急いでやる必要は全くないと思いますので、まずはその無料相談を活用いただければと思います。


もう1つ。

「KAMOファンディング」のサポートとして、「鴨Biz」というオンラインサロンがあります。

そのサロン向けに、ライブ配信を一緒にやったり、同じ時期にスタートする方の交流、ご紹介などもさせていただきます。だいたい2〜3カ月に1回、オンライン無料セミナーを2023年から実施しています。

2024年からは、東京中心になりますが、定期的にリアル参加のイベントをさせていただいています。

支援者の多くは関東に集中していますので、関東の成功者、関東でやろうと思っている人とつながることも、支援を増やす方法の1つかなと思いますので、ぜひそこに来ていただければと思います。

無料であったり、有料であったり、やっている長さでフィーをいただいたり、フィーをいただかなかったりとケースバイケースですので、お問い合わせいただければと思います。

また、オンラインセミナーは基本的に1000円でやっていますので、ご参加いただければと思います。

クラファンは今、日本で約250サイトぐらいあります。大手と呼ばれている「レディフォー」「マクケア」「キャンプファイヤー」。件数的にはコロナ以降、クラファンをされる方が非常に多くなっている。クラファンは、2012年くらいから始まった仕組みですが、10年経ってようやく、一般の人たちの間に浸透してきたかなと思います。

まずはこの「KAMOファンディング」、一定のコミュニティの中でやっているクラファンにたくさん人が集まって、金額も集めている。

クラファンにチャレンジする時は、検討の1つとして入れていただければなと思います。

Action_11

イベントと講演会の集客

「KAMOファンディング」では、イベントや講演会の集客にクラファンを使うケースがよくあります。

これが実は、とても理にかなっているのです。

解説します。

ポイント1　高額スポンサーを集めやすい

たとえば10万円、20万円のチケットは、チケットサイトでも売ることはできます。

でもこの場合、誰が買ってくれたかが、可視化されません。

ところがクラファンの場合、たとえば「KAMOファンディング」でよくやるのですが、専用リターンという設計をします。

この設計では、高額商品を誰が買ったのかがわかります。

「この講演会、えっ、あの人、こんなに出しているの?」

こういう形で可視化、伝播していきますので、購入者もドヤりやすい(笑)。

誰が買ったのか分かりやすいから、高額スポンサーを集めやすい。

これが1つ目です。

ポイント2　ログインの問題

よくイベント会場などで、受付でQRコードを見せてくださいと言われるケースが多いですね。

実はこれ、私、本当に苦手です。

会場に着いてQRコードを出そうと思ってログインするんですけれど、そこでまた、パスワードを要求されたりする。

で、そのパスワードを覚えていない……。

受付でモタモタした挙句に、結局、「ちょっと出ないです。えっ名前で分かりますよね」とお願いするはめに……。

実はこのログインの問題、とても大きいです。

おそらくどんな方でも、何かを購入しようとして、新たに個人情報を入力しなければばいけない画面が出て来た段階で購入をあきらめた経験は、一度ならず、何度もあるかと思います。

でも、クラファンの場合ですと、特にコミュニティに属していれば、既に登録をしてあるので、決済などを同じプラットフォーム、サイト内で行うことで可能だったりします。

もう登録はしてあるので、すぐにこのリターンを購入することができる。

これが2つ目のポイントです。

ポイント3　事例として紹介しやすい

イベントでも講演会でも、人が集まり、イベントも大成功だった。

そうなれば、これを事例として紹介したいはずです。

しかし、通常のイベントなどではどうでしょうか?

このイベントを運営する時に使った、たとえばメッセンジャーのグループで事例を共有することが関の山かと思います。

事例として、紹介しにくい。

クラファンの場合ですと、どれぐらい人が集まって、何人ぐらいに売れて、達成金額はどうなったか……。
こういう形で、その後どういうふうになったのかを書けますので、実績が残りやすい。
さらにそれを事例紹介として、ほかに紹介したり、届けやすいということがあります。
これが3つ目です。

Action_12

リターンを売るコツ

クラファンの支援金額を多く集めていくには、リターンを買っていただかないといけません。

前述したように、クラファンというと、前は寄付支援が中心でした。

寄付で集めるという感覚が、ほぼ100%だったんです。

でも今、この寄付支援は少なくなって、応援購入が主流です。

応援購入ということになると、リターンを買っていただかないと、支援金額は集まりません。

買ってもらって売り切れを作り、買ってもらって売り切れを作るという流れを作ることが重要です。

そこを念頭においていただいて、ポイントは6つあります。

ポイント1　商品、サービス、体験——縦軸

リターンの中身を考えた時、まず商品があります。

これに関しては、住む地域が限定されないので、北海道にいる人でも、沖縄にいる人でも、商品であれば応援支援購入ができる。

サービスというのは、講演会をやりますとなった時に、その方がやられているアドバイスサービスであったりとか、コンサルティングであったりとか、アイディア出しという、ご自身がやっている本業のサービスを提供することです。

体験は、たとえば会える権利などがあります。

ランチ会、ディナー会というのが一般的ですし、よくやっていますね。

商品、サービス、体験。

この3つで、リターンの縦軸を考えます。

ポイント2　商品、サービス、体験──横軸

次に、横軸を考えます。

なぜ、横軸が必要か？

なぜなら、リターンの数はできるだけたくさん、バリエーションがあった方がいい

からです。

リターンを考える時に、この横軸があることで、ほぼ無限にバリエーションが増えます。


たとえば、縦軸の商品として保温保冷ボトルを考えたとします。

ここに横軸、横展開をしていくと、まず容量が考えられます。

350ミリリットル、550ミリリットル、650ミリリットル……。

これを2本セットなどのセット売りにすることもできますね。

もちろん、カラーバリエーションだってあります。

サービスや体験も一緒です。

サービスなら、マンツーマン、グループコンサル、それから講座受講券という横展開ができます。

体験なら、ただのランチ会だけでなく、イベント当日のランチとか……。

という横展開ができます。


この3つのポイントの縦軸と横軸で、とにかくたくさんチームでアイディアを出して、リターンの設計をしていく（詳しい設計の仕方は、セミナーで解説します）。

そこから、このリターンを最初に出そう、あとからこれを出そう、これは売り切れを作るリターンだから、10個あるけど、最初3つだけ出していくというふうに、パターンを決めていく。

クラファンサイトによっては、5万円で出したリターンを、ちょっと高すぎたから、値段を下げて出し直すということができなかったりしますが、「KAMOファンディング」の場合はできます。

実際、タイトルを変更して出し直しただけで、内容はまったく同じリターンなのに、即売するというケースもありました。

とにかくいろいろなリターンを考えることですね。

何が売れるかは、やってみないと分からない。

これが売れるだろうと思っても、実際には売れなかったり、こんなもの売れないだろうといって出したものが売れたり。

たとえばもりつぐ先生の、「インチキ水晶占い」。

これ、そんなものネタだろうっていうものが売れたりしましたからね。

私が思うに、クラファンは、真面目にやりすぎるよりも、ちょっとお祭り的なもの、ちょっと遊び要素みたいなものを入れる方が、盛り上がる可能性が大きいようです。

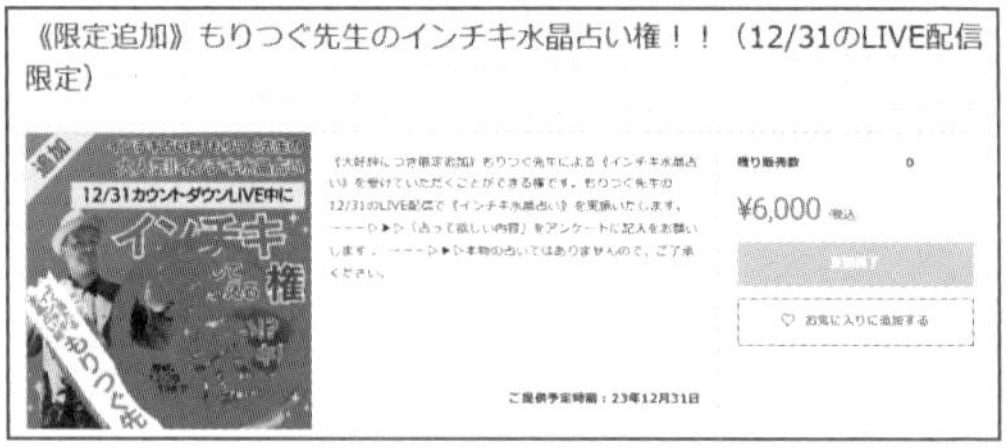

もう1つ、リターン設計をする時に、個人相手なのか、法人相手なのかも考えておいた方がいいですね。

これによって、設計も変わってきます。

保温保冷ボトルを例にとります。

相手が法人なら、ケース買いも考えられる。

3ケースなら、2割引しますとか……。

誰に買ってもらうのかをよく考えた方がいいですね。

ポイント3　専用リターンでドヤらせる

これはスポンサーチケットですね。

たとえば講演会をやった時に、受付の前に、購入者の会社のロゴが入ったお花を飾りますよとか、講演会のクレジットでスポンサー様という形でご紹介させていただきますとか、ほかにも、スポンサーの会社のチラシを配布できたりというのもありますね。

座る席もあります。

ちょっと広めの席で、あとから来ていただいても入れるようにする。

普通、講演会だと並ばないといけないですね。

だからちょっと高額の席は、あとから来ても、横から優先的にご案内しますよというのをスポンサーに売るという専用リターンですね。

ポイント4　一人でやらない

これ、意外と重要です。

なんでもそうですが、仲間がいた方が、励みになるし、刺激になる。

クラファンを同時期にやる人は必ずいるはずなので、その同時期の人と一緒にライブ配信をしていくなどができるといいですね。

ほかのサイトでは難しいかもしれないですが、「KAMOファンディング」内ならば、同じコミュニティの中でクラファンを始めた人というのは分かるので、この人たちと一緒にコラボでライブ配信をやるケースがあります。

そもそもライブ配信をする目的は何か？

ライブ配信は、もう1to1ミーティングなので、その人と仲良くなってもらいたいんです。

「あっ、清水さんって、ここ出身だったんですね。うちの嫁と同郷じゃないですか」

「えっ、趣味一緒じゃないですか。えっ、じゃあ今度、サッカー好きだったら一緒に見に行きましょうよ」

お互い話さないと、接点は分からない。

接点がわかれば、仲良くなりやすくなる。

そこから、お互いの商品を宣伝しあったり、購入して、「届きました。これめっちゃうまいです、このロールケーキ」とか。イベント行きました、なんかすごくよかったですとか。

クラファンが終わっても仲良くなったりするケース、これすごくあるんですね。

なので、まずは同じ時期にやっている人たちと、一緒にライブ配信をやるというのが一番リターンを販売するコツの1つとして挙げておきます。

ポイント5　ライブ配信は毎日やる

単独のライブ配信に関しては、できたら期間中、毎日同じ時間にやってほしいです。

一番支援が入る時間帯は、午前10〜10時半。

それから夜の11時が最も多いです。

毎日同じ時間にすると、割と支援が入りやすい。

支援者に主婦層が多い人は、午前10時前後ぐらいが一番入りやすい。子供を保育園に送って行って、落ち着くのがそれぐらいの時間じゃないですかね。

普通の社会人でしたら、ちょうど寝る前ぐらい。

夜11時、いろいろなことが片づいて、じゃあ寝ようかといった時に、ああライブやっているから、ちょっと見ようかと……。

すると、たとえばクッキー缶のリターンがある。

これ、すごく人気なんです。

普段買えないクッキー缶がリターン商品として出ていたら、気になりませんか？

私はまんまとそれで購入しました(笑)。

そういうことなんです。

ライブ配信でコラボライブ、あと単独ライブで自分のリターンを宣伝していくということが大事です。

ポイント6　最後にもう一度アプローチ

これ、あまりやっていない方が多いんですけど、1回買ってもらった人に、もう1

回アプローチです。

高額支援を集めるプロジェクトを見ると、同じ人が何回も購入しています。

最初にバーンと買って、あとにまた買う。

ライブ配信も終了日にカウントダウンライブみたいなのをやって、投げ銭とかチップとかという形で支援を集める。

ライバーさんがよくやっている手法なんですけれど、ライブ配信中に５００円くらいの支援をたくさん集める。

「今、10個買ってくださいました。誰々さんが入れてくれました」という実況中継をしながら支援を集める。

最後のアプローチはなんでもいいんです。

メッセンジャーでもいいし、メールでもいい。

タイミング的には、終わるだいたい1週間ぐらい前からちょこちょことやる。

本当は、既に購入してくれている人にお勧めのリターンを最後に送るのも手です。

ただ、気をつけてほしいのは、購入済みのリターンをもう一度送ると、相手は、なんだ、履歴も見ていないのかと悪印象になります。

その人に向けての特別なメッセージやエピソードを入れて送りたいですね。

最近、ちょっと試みていることがあります。

普通ランチ会というのは、プロジェクトが終了した翌月、翌々月ぐらいで設定していたんですけれど、最近、期間中に1回はさんでいます。

そうすると、もちろんそこに来た人は、高確率で違うリターンを買ってくれます。

ランチ会で別のリターンをオファーできるという機会ができるわけです。

出版記念講演会でも、ミニセミナーを期間中にやって、講演会のあとでもやるという……。

要は、リターンを使ってさらに接点を増やしていく。

そうすることで、複数回の購入に結びつける。

ぜひ、試していただきたいですね。

Action_13

支援されやすい時間帯

「ポイント5 ライブ配信は毎日やる」でも触れましたが、支援されやすい時間帯というのがあります。

一番多いのが午後11時。

一般的には午後10時台、11時台が一番多い。

ということは、ライブ配信や告知なども午後10〜11時にやるのが一番いい。

もちろんほかの時間帯でも買われないことはないですが、データ上はそこが一番多い。

購入者が男性か女性かでも、時間帯は変わります。

ちなみにですが、クラファンの成功率、男性と女性とではどちらが高いかおわかりになりますか？

実は女性なんです。

理由は、おそらく女性の方がマルチタスクでコミュニティを作るのに長けているからだと思っているのですが……。

私は歯を磨く時、ずっと鏡の前ですが、嫁さんはテレビを見ながら歯を磨いています。歯を磨きながらでも、リターンの購入ができるんですすね(笑)。

女性がコミュニティを作るのに長けていることは、説明するまでもないと思います。


時間帯に話を戻します。

ターゲットが女性の場合、たとえば20～30代のまだ子どもが小さい人でしたら、朝の方が集まりやすいですし、子育ても終わって働いている40～50代の人であれば、夜になります。

そういう風に、自分の想定するリターン購入者がどういう生活時間帯で生活している人かをイメージして、配信の時間帯を決めていくといいと思います。

その上で、支援履歴を見て、リターンがいつ買われたのか、どこから流入しているのか、平均単価が今いくらなのか、あと、投稿がどれだけ見られているのかなどのデータを確認しつつ、調整をしていくことが確実だと思います。

☑ Action_14

支援金額を大幅に増やす!

支援金額を大幅に上げるには、まず、リターンを多く販売することが基本です。ただここで、相手のお財布の事情を考えると、もっと支援金額、特に大きな支援金額につながる可能性があります。

わかりやすい例では、相手が法人の場合ですね。

当然、個人のお財布よりも、法人のお財布の方が、大きな額が出やすくなります。ただここで、やはり相手の事情を考えると、より大きな額が出やすくなります。

通常、法人がクラファンで購入したリターンを経費で落とす時、項目は広告費が多いと思います。

であれば、リターンの名称も、広告費として落としやすいものにしてあげた方がいいですね。

みなさんリターンを考える時に、タイトルにただ、「○○○支援・法人用」「○○○支援・個人用」とだけ書いて、個人用と法人用に振り分けているケースが多い。

でもこれだと、法人としては苦しいんです。

ちゃんと、「会社の名前が告知される権利」のように、その会社にとって、広告として価値があるということを謳ってあげた方がいい。

社長さんって、なんでも経費で落とせるというわけではないんです。

たいていの場合は、経理にうるさい方がいて、その人を説得しなくてはいけない。

ここがわかりやすいタイトルだと、社長さんも大喜びです。

このリターン50万円か、高いけど、この項目と内容だったら法人から出せるなという設計をしてあげてください。

せっかく信頼に基づいたいい関係性ができた社長さんに、スポンサーになっていただけませんかとお願いする時に、これなら法人で落とせるなというのが分かると、社長さんもやりやすいということは覚えておいてください。

何かの購入費用であったり、広告に結びつくものであったりということがわかるリターンの名称にする、さらに、画像には支援者の社名と肩書を入れるなどして、配慮をしてあげてください。

これができると、支援金額を大きく伸ばせる可能性があるんです。

Action_15

目標達成者のその後

さて、最後に、この書籍を読んでくださり、見事クラファンに成功されるであろう方に伝えておきたいことがあります。

目標達成したその後をどうするかです。

今、私が「KAMOファンディング」というプラットフォームを運営させていただいている中で、最近この1~2年、達成率はほぼ100%になっています。

クラファンが動いている期間、みなさん、いろいろなところに行き、ライブ配信をし、支援を募り、人に会ってお願いする。

本当にがんばってくれているんです。

だからこそ、300万円、400万円、500万円を普通に集める人が出てきている。

ただ、クラファンが終了すると、ピタッと何もやらなくなる人がいます。

もう、コミュニティにも出てこないし、イベントにも顔を出さない。

もちろん、お金を集めることが第一義ですけど、極端なんですね。

「結局、お金集めだけだったのね」

こういう声、運営者である私の耳にはけっこう、入ってくるんです。

せっかく集まった支援というのは、お金だけではないと私は考えます。

それこそ、応援する気持ちがそこにはあります。

支援をいただいた側は、ビジネスが加速していく様子であったり、その後大成功したイベントであったり、支援をいただいた結果、いろいろなことが成長していっている様を見せ続けることが、やはり責任だと思うんです。

それができないのでしたら、最初からクラファンはやってほしくない。

クラファンがうまくいって、その後も成功しているのでしたら、発信、活動は続けてほしいと本気で思います。


クラファンには、もちろんリターンの履行もあります。

それが終わるまではクラファンは続いています。

支援していただいて、1回メッセージして終わりではなく、定期的にメッセージを送ってほしいんです。

支援者リストのダウンロードもできるわけです。

その支援者に定期的にメルマガを送ったり、ＬＩＮＥに登録する。

そこで活動報告を定期的にやってほしいですね。

こういうキャンペーンをやっていますとか……。

やっている人はほんの一握りなんです。

その一握りの人が勝ち続けている。


たとえばＴＯＫＹＯインフルエンサーアカデミー主宰の、中島侑子さん（１６６ページ参照）。

クラファン開始の際に作成した応援グループを活用して、先日、インスタのセミナーの登録を始めて、終了後も大成功されています。

やっている人はやっているんです。

細野尊史さん（１３４ページ参照）にしても、もりつぐ先生（１４６ページ参照）にしても、その時に作った発信者グループをうまく活用して、そこで支援した人とのつながりを、ずっと取り続けています。

これをやっていない人、多すぎないですかという話です。

そういう人ほど、

「ああ、クラファン、期間中大変でした。もうこりごりです。もう二度とやらないです。大変ですもん」

と言っている人もいますが、億超えの社長は、毎月これをやっていますよ。

それを、何年もです。

ビジネス筋力が違うと言ったらそれまでですけど……。

瞬発的に３００万円、４００万円、５００万円の支援額は集められるけど、継続できていない。

逆に言えば、短期間でもそれだけの支援額を集められたということは、それだけの能力があるわけです。

各々、ビジネス筋力をつけて、自分の夢、ビジネスのために、さらには応援してくれた支援者のためにも、やり続けてほしいなと思います。

Part 5

「KAMOファンディング」で夢を叶えた人の事例集

事例❶

山本隆司さんの場合

ギブ&ギブの精神で 人と付き合うきっかけに

山本隆司
福岡県出身。

高校教師2年、営業マン2年、飲食業4年経験を経て、2011年7月12日に独立。

現在、菓子製造業FC13店舗の経営を主に事業として営む。 2020年のコロナ禍に入り、7店舗の店舗展開は、類のない実績となる。 2023年11月に、４法人目の株式会社メディチ家51を設立。講演会、クラウドファンディングの支援活動を行う。 2024年1月11日に、書籍「この人生は、日本一たい！」を、鴨ブックスより初出版。Amazon人気度ランキング1位を達成。

音楽活動も開始、２０２４年５月10日に、東京六本木BAUHAUSにて、コミュニティバンド「George51°」として、デビューLIVEを果たす。

「大人って、最高！」をテーマに、今後も事業拡大、コミュニティ活動にも励みます。

クラファン1

たい焼に人生をかける男
山本隆司に完全密着!!
鯛熱大陸　上映会を応援してほしい！

集まっている金額：¥35,628,101（目標 ¥500,000）
目標達成率：7125%
支援数：1278

あなたに出会えて良かったと思われる人間になりたい……。そんな思いで私は"お仕事"を営んでいます。 滞在時間10分間で、いかに目の前のお客様にエネルギーをプレゼントできるか？　この10分間のストーリーに命をかけています。 そんな〝私〟の想いを、映画にしました!! 是非、上映会にお越しください。

クラファン2

出版記念講演会を憧れの鴨さんとコラボでやりたい！

集まっている金額‥ ¥40,380,680（目標 ¥500,000）
目標達成率‥ 8076%
支援数‥ 1080

人生初の出版にあたり出版記念講演会を開催することになりました。 講演会に私が師事する鴨頭嘉人さんとコラボで講演会を開催します！

生島　最初は「鯛熱大陸」でしたね。
山本　はい。そうですね。正直に言いますと、クラファンに関しては消極的だったんです。支援することはあっても、支援されなくても大丈夫だと。でもある時、生島さんに「信用を可視化」してみませんかと言っていただいて……。あっ、それなら興味あると。
生島　覚えています。ちなみに、最初の目標額はいくらでしたっけ?
山本　500万円ですね。それだけあれば、上映会はできるだろうと。
生島　初日にはどのくらい集まりましたか?
山本　確か、600万円くらいだったと思います。クラファンは初日で決まるとレクチャーされていましたので、専用リターンという形でご支援をいただきました。
生島　そして最終的には。
山本　3562万8101円です。
生島　上映会を開催するお金としては、もう十二分に……。
山本　十二分ですね。上映会は、神戸にあるクラブ月世界というところでやったのですが、届いたお花がジャッキー・チェン以来だとそこの店員さんが言われました。
生島　最終的なその額については、どう思われました?
山本　2000万円を超えたあたりから、私の中の心のギアがちょっと変わったんですね。ここでがんばればがんばった分、鴨さんのためになるんだという、心がいつもの支援モードに入ったんです。そこでまた、動きが変わりました。
生島　信用が、実際に可視化されたわけですが、そのことについてはどう思われましたか?
山本　そうですね。信用の可視化というよりは、私に対する期待のようなものを強く感じました。たとえば、東京の調布で歯科医をやられている原英次先生には、お会いしたことはないのですが、支援のお願いをDMで送りました。そうすると、原先生も「コイツ、面白そうじゃん」と、会ったこともない人間に支援してくれるわけです。そこから実際のお付き合いも始まって……。
生島　信用って一方通行じゃないですもんね。それがよく分かったというところですね。
山本　おっしゃる通りですね。だからこれからの自分の振る舞いも、やっぱりコミュニティのためにという思いがより強くなりましたね。

競争も楽しい合同クラファン

生島　これまで、トータルでいくつクラファンをやられていますか？

山本　合同で焚き火の会として2月に立ち上げたのがあるので、それも合わせると、今5回目の挑戦です。1年にして5回目です。

生島　そして今動いているのが、「総支援金額1億円達成記念パーティー～応援の雄叫びを聴け！～」というクラファンですね。

山本　そうですね。累計で1億円を達成しようという。

生島　一番支援額が大きかったのは？

山本　2回目の「出版記念講演会を憧れの鴨さんとコラボでやりたい！」ですね。4038万6800円集まりました。大阪の中之島公会堂で、憧れの鴨さんをそこにお呼びして、初めて同じステージに立たせていただきました。このクラファンでは、講演会の主催権を買うと車がついてくるという伝説のリターンも生まれました（笑）。

生島　クラファンで隆司さんのことを応援されている方って、人数で言うと？

山本　300名弱だと思います。今も、新しい仲間がどんどん増えています。

生島　そういう広がりの中で、山本さん的には、こういうところが面白かったというのはありますか？

山本　2回目のクラファン、「出版記念講演会を憧れの鴨さんとコラボでやりたい！」は、合同クラファンでした。そこにはファイナンシャルプランナーのもりつぐ先生のプロジェクトもあって、先生は3つのコミュニティも持っているので、強いプロジェクトだったんです。合同クラファンは別に競争ではないのですが、やはり、負けたくはない（笑）。初日のFacebookライブから、この人とともにやっていたら勝てないというのを感じて……。そういう方がいたので、1回目の成功に溺れることなく、また挑戦者の心で臨めたということはいろいろと楽しかったですね。

生島　具体的には何かありますか？

山本　先生の勢いが全然違って、あと1週間でクラファンが終わるという時点で、300～400万円の差をつけられていたんです。で、その時に、私はこのクラファンで結局何を伝えたいんだろうと、原点に立ち返って、1つ始めたことがあります。それが、書籍の朗読でした。1週間、どんなに仕事でクタクタになっても、朗読を続けました。そうすると、やはり自分の中に勝ちたいという気持ちが強くなって、もう一度がんばろうと、支援をお願いしまくって、最後に逆転ということがありました。

生島　最後の逆転劇はすごかったです。

山本　残り10分で750万円の支援をいただけるというところまでがんばって、このリターンを早く出してしまうと、先生の方も何か手を打ってくると思いましたので、事務局には、ギリギリ23時55分になったらこのリターンを出してくださいと……。引っ張って、引っ張って……。その時点では400万円ぐらい負けていましたので、向こうはもう圧倒的勝利だということで安心している。そこで最後、逆転して勝ったという。向こうはもう勝ちを確信して、カウントダウンライブをして盛り上がっていたんですよ、大晦日なので。その時私は、一人でスマホの前で一生懸命戦った。

生島　お見事でした。

山本　まんまと生島さんの術中にはまってしまっているのですが、それがまた、楽しくて……。もりつぐ先生も同じだと思います。その1週間後、1月6日に2人でそれを大反省会しようというリターンを出していたので。そこで2人で、11月10日〜12月31日までのその走りきった期間の心情とかを吐露して、握手して、森ちゃんがギターを弾いて、私が「栄光の架け橋」を歌って終わるという……。

生島　きれいな話ですね。

山本　それを思い出すだけで、私はいつも込み上げてくるんですよ。あの朗読を始めようと思った時の自分の気持ちが、ほんとに……（涙）。

生島　でもすごい仲良くなりましたね、それから森ちゃんとね。

山本　そうですね。より絆が深まりましたね。なんかこのクラファンをきっかけに、本当に同じ釜の飯を食べた仲というか……。

クラファンで社員にもいい影響が

生島　山本さんは、リターンの数が多いのも特徴ですね。

山本　700くらいはやりましたかね。

生島　結構な数ですが、あのアイディアは、どうやって出てくるんですか？

山本　あれはですね、本当にずっと何かないか、何かないかなって考えて。どうやったらみんなが私を必要としてくれて、喜んでくれるかなっていうことばっかり考えています。

生島　その中で、快心のリターンはこれだってういうのはありますか？

山本　やはり「ヨーグルトジャーマニーを差し入れできる権利」ですかね。20代の頃、ロイヤルホストで働いたことがあります。その時代からロングセラーのパフェなんですけど。それを差し入れできる権利ですね。これがすごく好評で。バーッと支援が埋まったというのがありますね。

生島　逆に、売れなかった商品もありますか？

山本　これ絶対売れるだろうなと思って出した「ボイスdeジョージ」。要は、私が購入してくれた人に「おはよう」とかメッセージを送るという商品だったのですが、51枠出して5も売れなかったですね。印象に残るリターンで1つ、忘れていました。2024年6月30日にやった、「ジョージと京セラドーム企画」です。ドームを貸し切って、「野球参加券」「乱闘騒ぎに参加出来る権」「カメラマンができる権」「監督ができる権」など、さまざまなリターンを用意しました。

生島　元高校球児の山本さんからしたら、もう……。

山本　事務局と下見に行っただけで、ポロポロ涙ぐんじゃいましたね。

生島　何はともあれ、濃い1年間でしたね。そんな中、今までクラファンをやってきて、山本さんの中で変わったことはありますか？　外から見ると、山本さんの影響力は本当に変わったと思います。

山本　それはありますね。影響力、信頼とか。

生島　社員さんにも影響が出ている。

山本　そうなんです。3人の社員がクラノァンで私を支援してくれました。

生島　社員がクラファンで社長を応援する……。それって、スゴイ会社になりませんか？

山本　本当そう、強いです。もう、別業態でもいけるような。

生島　なんでもできちゃいますよね。

山本　だから既存のリーダーたちのお尻に火がついてきています。合わない人は辞めていくし。でもみんな変わろうとしますね。

生島　クラファンをきっかけに、クラファンの枠を超えた山本さんの今後が楽しみですが、最後にジョージ流成功の秘訣、1行にするとなんでしょう？

山本　ギブ&ギブの精神で人と付き合うというか。日頃から与え続けようとしていたら、いざという時に、よし応援しようってなりますので。

事例❷

細野尊史さんの場合

クラファンは
インフルエンスを持った名刺

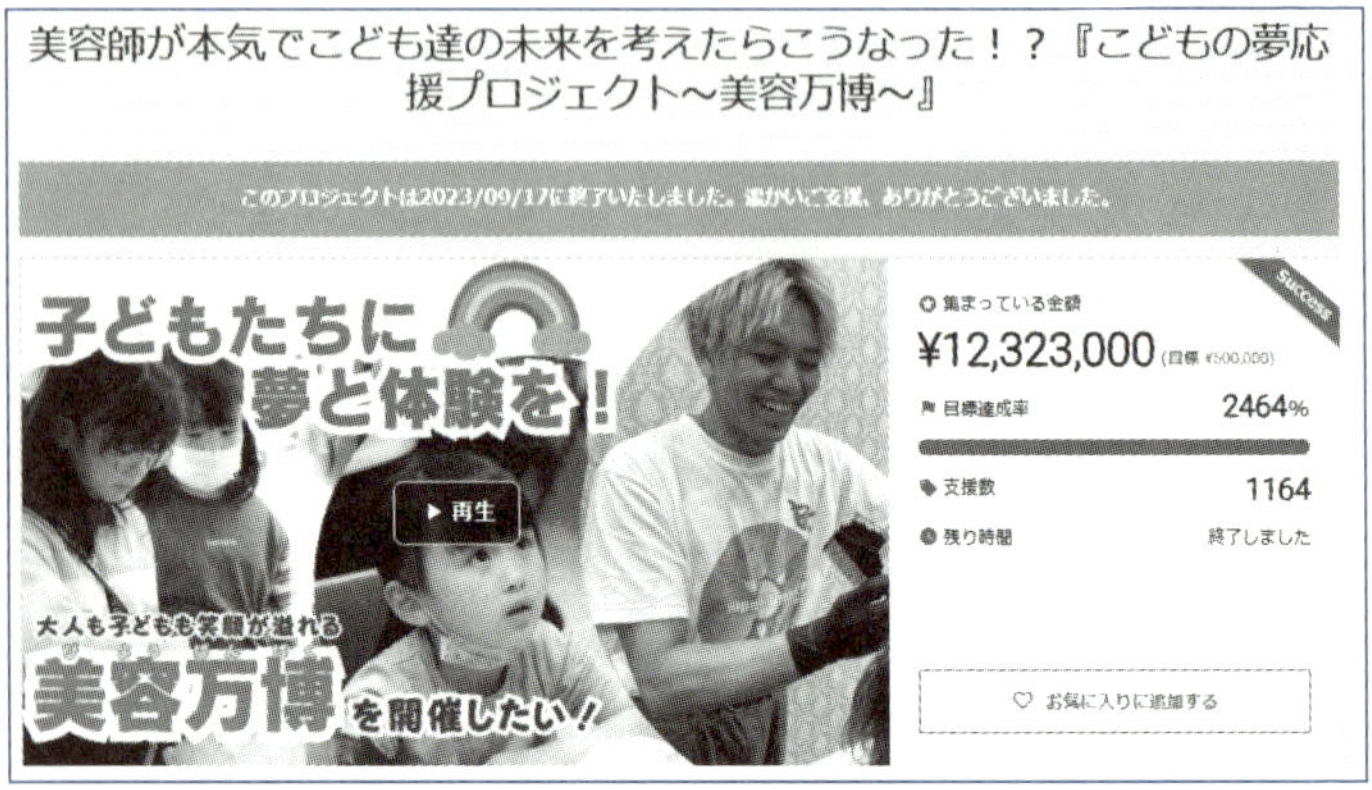

細野尊史

20歳で美容師見習いスタート。33才で店舗ビジネスにチャレンジして失敗、2000万円の借金を抱え極貧生活を送る。銀行を巡り、300万円の再融資を元にボロボロの美容室をオープン！ 現在、コロナ禍リアル2年で5000万円→7億5000万円→只今9億円。株式会社ビーズ、株式会社Amor 2社の代表取締役。教育会社、一般社団法人設立予定。

クラファン１

美容師が本気でこども達の未来を考えたらこうなった!?
『こどもの夢応援プロジェクト～美容万博～』

集まっている金額：¥12,323,000(目標 ¥500,000)
標達成率：2464％
支援数：1164

〝美容師〟とは、人に笑顔を提供できる素晴らしい職業である。 そんな美容師を世に広めたい！ そんな想いで美容万博を開催します。美容師と一緒にはさみを持ってスタイルが作れるカット体験。 自分の家族を想いながら、香りのチョイスなどを楽しんで作るシャンプー作り体験。 どれ一つ取っても、日常を過ごしていては体験できません。この体験は、きっと何万人もに笑顔をもたらす美容師になる始めの一歩になるでしょう。

クラファン２

鴨頭嘉人新曲！「挑戦者の詩～２つの物語～」
MV制作プロジェクト！

集まっている金額：¥20,207,943(目標 ¥500,000)
目標達成率：4041％
支援数：806

鴨頭嘉人〝挑戦者の詩〟を応援したい!! 鴨さんから挑戦する勇気を受け取り、長年の夢を叶える２つの物語をぜひ応援してください!!

生島　細野さんの最初のクラファンは「美祭（びさい）」で、2022年9月でしたね。このクラファンを始めるきっかけから教えてください。

細野　もともと10年ぐらい前に、子どもたちに何か「体験」をプレゼントしたいと思ったんです。その時に、うちは美容室なので、美容の体験の場所を提供できたら面白いと思いました。その上で、子どもたちが仕事に興味を持ってもらえたりしたら、なおいいいと。ただ、当時はまだ、コロナが5類以降の前でしたから、悩みました。

生島　そこでやるという決断を下したわけですね。

細野　その時に僕が掲げたテーマが、大人の1年と子どもの1年は違うということでした。あの時、子どもの1年がどんどん奪われていた。修学旅行も友達同士の思い出も作ることができない状況でした。それは、とても悲しいことだと思ったので、仮に批判が起きてもやると決めたんです。その時に教育委員会も巻き込んでやったのですが、結果、オープンの時に外に行列ができたんですよ。お店の中に、マックスで300人ぐらい来ていた。まさに3密状態だったんですけど、誰一人として文句を言う人もいなかったし、通報もされなかったんですね。その時に、あっ、こんなにも世の中の人たちがこういうプロジェクトを必要だと思ってくれているということに気づいたんです。

生島　300人というのは、どういう方が来られたんですか。

細野　子どもですね。親も同伴で来たりはするんですけど。

生島　細野さんの中でのクラファンの位置づけはどうなりますか？

細野　当時、僕の中でクラファンというのは、いわゆるプロジェクトの広告だと思っていました。クラファンをやることによって、今まで届かなかった方々に僕のプロジェクトを知ってもらうことができるということですね。で、僕のインフルエンスだと、届く範囲は決まっている。でも、今の自分のインフルエンスよりも広く認知を取ろうと思ったら、やはり声を大きくしなくてはいけない。それであれば、「KAMOファンディング」を使って、プロジェクトをもっとたくさんの人に広めたいと思いました。

生島　最初の設定支援額は？

細野　50万円です。

生島　実際にはその「美祭」には、いくらかかると見積もられていたんですか？

細野　実は青色天井で。なぜかというとウィッグを1人1つ与えるのか、1つを10人に切り与えるのかで全然違ってくるので……。

生島　最終的な到達額は556万円くらいでしたね？

細野　そうですね。

生島　初日で100万円くらい、達成していましたよね？

細野　生島さんからも初日が大事だということは聞かされていましたので、こういうプロジェクトをやるので応援してくださいとスポンサーさんにお声をかけてきました。

生島　プロジェクトの広告効果としては、どうでしたか？

細野　それはもう、やる前とやった後では全然認知が違います。もちろんコミュニティのトップの鴨頭さんも、こんなのをやっているよと紹介してくださいますし……。そうすると、ほかの方々からも注目を浴びますし、支援は集まってないにしても、こういうことをやられている方なんですねと、名刺代わりにもなりました。

生島　そうか。クラファンを名刺代わりにというのは面白いですね。

細野　そうですね。ほかのサイト、たとえばチケット販売サイトだったりすると、自分のインフルエンス以上のところにはリーチしないじゃないですか。だからそういう意味では、インフルエンスを持った名刺という感じがしますね。

生島　今まで、クラファンは計4回やられていて、総額4670万円くらい集めていますが、一番大きいのは……。

細野　「鴨頭嘉人新曲！「挑戦者の詩～2つの物語～」MV制作プロジェクト！」（以下、「挑戦者」と表記）ですね。2000万円以上が集まりました。

生島　「挑戦者」はどういうプロジェクトだったのか、説明をお願いできますか？

細野　このプロジェクトは、鴨さんの歌、「挑戦者の詩～2つの物語～」のMVを作ることになり、そのMVに僕が出ることになって、さらにファンダーになってお金を集めることになったんです。

生島　ご自分でMVに出演されて、ご自分で支援額を集めるというのは、あまりないですよね？

細野　そもそも、このクラファンは自分のプロジェクトではなくて、鴨さんのプロジェクトです。自分ではない、ほかの人のプロジェクトの支援を集めるというのは、あまりないのではないですか？

生島　ちょっとないパターン。

細野　人のためのクラファンで、自分の時間とお金を投入するというのは、普通だったら無理だと思います。ここは、僕の中で純粋に鴨さんを応援するということがあったからできたことです。

生島　逆に言うと、細野ファンが増えたの、そこなんですよね。がんばっている姿が裏で見えたりするので……。なおかつそこで、MVで細野さん自身が一生懸命走っている姿がオーバーラップする。

細野　まあ寝ずにやることもいっぱいありましたからね。

生島　細野さんは事務局を持っていましたよね？

細野　美容万博などは、お店のスタッフなど、内部の人間で事務局をやってもらいましたが、「挑戦者」はさすがに、外部に頼みました。

生島　でも、人のプロジェクトのクラファンって、細野さんらしくていいなと思いました。

お金に対するリテラシーも変わる

生島　クラファンの最中、印象に残ったこととかありますか？

細野　楽しかったことはいっぱいありますね。リターンを出した時に、どれぐらい出たのかデータ取りをしたんですが、それはめちゃめちゃ楽しかったですね。人はどういうものに興味を持って、こちらの発信の仕方を、どういう表現に変えないと人が動かないのかとか、いろいろと勉強できました。

生島　その中で気になったことは？

細野　説明に寄っているものはダメですよね。

生島　説明？

細野　たとえば講演会でも説明だけ載せて、来てくださいでは、やはり心躍らない。ここを変えるだけで随分と変わってきます。たとえば「ランチ会に参加してください」というお願い、リターンがあったとします。

「大阪で何時からです。おいしいランチがあります。いかがですか？」

こういうリターンですすと、まあ仲のいい人が、心の中ではちょっとあの人困っているみたいだからと、渋々参加したりする。そういう形での信用とお金のトレードオフが起きてしまっている。

生島　ありがちですね。

細野　でも、「Aさんはここに来るとこういうベネフィットがあって、こういう未来が待っているから、参加したほうがいいよ」という形で、リターンを購入する人の広い意味でのベネフィットを提示してあげれば、信用を落とさずに支援も集まるという図式ができます。こういう関係性を構築することが、クラウドファンディングの肝だと思っています。そこを極めていくと、お金を払っていただいているのに、信用が貯まっていくし、感謝が増えていくという状態になる。

生島 メリットがあるというサジェスチョンは、相手のことを知らないとできない。

細野 そうですね。僕も最初、トレードオフしている時はけっこう辛かった。でも、クラファンというのは、お金をもらいながら、信用・信頼を貯めて、喜ばれるプラットフォームなんだということに気づいたところから、楽しくなってきました。そうなると、リターンも無理して買ってもらうものでもないなと思えるようになってくる。それは、誰にも刺さらないものを作ってしまった自分の商品作りが悪いだけなので……。

生島 そういう風に考えられるとラクになりますね。

細野 いいリターンだと刺さる。それはどこに刺さっているのかと言えば、みなさんの行動や悩みとかのインサイト。こういうものがあったらいいなという喜びの部分を拾えるようになったということなんですよね。

生島 ほかにありますか?

細野 この間、赤星君の投稿でいいのがありました。うちのスタッフにも教えてきたことなんですけど、「地元で手に入れたお金なんだから、地元に返しなさい」と。クラファンも同じですね。支援が来てそこに余剰が出たのだったら、またそのプラットフォームにお金を返してあげる。別に僕の中では不思議なことじゃないんです。もともとの事業での考え方を、そのままやっているだけなので。

生島 そもそも、そういう考えで事業をやっている人が少ない。だから売上も上がらない、社員も雇えない、いつまで経っても個人事業主の延長線。

細野 そうですね。人を雇うと、与えることの方が圧倒的に多くなるんで。

生島 人を雇うことは与えること。いい言葉ですね。

細野 クラファンをやるようになって、普段からの発する言葉も気をつけるようにはなりました。クラファンは応援文化の1つだと思っているので、使ったお金がどう循環していくのかという話を、日々スタッフにもしますし、クラファンを応援してくれている人たちにも発信したりしています。そして何よりも、僕自身のお金に対するリテラシーが変わっちゃいましたね。

生島 変わりましたか。

細野 体験したことで得られた価値です。クラファンは本当に体験しないと、わからないですよね。

事例❸

中野博さんの場合

クラファンを続ければ、ビジネス力がつく

中野博

七福神(7月29日)愛知県生まれ。経営者、教育者、作家、チャンネル登録者450万人超えユーチューバーとしても活動中。日本では3つの会社、アメリカでは2つの会社を経営。信和義塾大學校の創設者として、世界5カ国（アメリカ、カナダ、シンガポール、タイ、日本）に私塾を開校。43冊の著者（7冊が英語、中国語、台湾語、韓国語に翻訳されている)。日本初の環境と経済を両立する事業構築提案を880社以上、講演実績は4000回超。メディア出演回数は2000回を超える。国づくりの甲子園®実行委員長。

クラファン１

夢を叶える支援センターを設立し人と社会を豊かにしたい！

集まっている金額：¥11,839,800(目標 ¥500,000)
目標達成率：2367％
支援数：516

仲間と共に人の可能性を引き出し夢を叶えるサポートをすることで人と社会を豊かにしていきたい。夢を描く人間には金が集まる。金を求める人間には夢が生まれる。このサイクルこそが人と社会に豊かさをもたらすようになります。これまで実業家としてやってきたことを全てお伝えしできる限りのサポートをしていく支援センターを設立することを決心しました。そのための資金集めとしてクラウドファンディングにチャレンジします。

クラファン２

スポンサーに左右されない真の有益な情報を多くの人に届け、
情報弱者を救いたい！

集まっている金額：¥17,734,300(目標 ¥1,000,000)
目標達成率：1773％
支援数：349

子供のころから弱いものいじめをする人たちが大嫌いでした。 弱いものいじめとは何か？　それは、情報操作によって社会的弱者を作り出すことです。今のマスコミはスポンサーに有益な情報しか発信されることが許されていません。その情報を多くの国民は鵜呑みにし信じきっています。 それがマスコミにコントロールされるということであり、多くの情報弱者を生み出す悲しいきっかけになっています。 そんな方々に救いの手を差し伸べたい、より豊かな人生を歩んでほしいと思い今回のプロジェクトを立ち上げました。

生島　中野先生は、クラファンをやると決めてから、実際に始めるまでに時間がかかりましたよね？

中野　そうそう。クラファンやってみたらどうなるのかなという好奇心と、鴨さんに紹介されたこともあったので、新しいことにチャレンジしようかという軽いノリだったのですが、フォーマットに入力するのがよくわからなくて……。そこで止まってしまった。

生島　急に音信不通になって（笑）。

中野　作業は僕がある程度やって、途中から社員に任せようと思ったんですけど、社員も誰も経験がないので、分からない。画像も全然ダメ。文章もあれっ？　という感じで。そこで改めて、クラファンのやり方を問い合わせたら、一人でやるなと……。チームで動けという返答をいただいて、それだったら、普通の会社の経営と同じだから、いけるかもって。

生島　それ最初にお話ししたんですけどね。

中野　腹落ちするほど分かってなかった（笑）。

生島　なるほど。そうなんですね。

中野　その後、「KAMOファンディング」でうまくやっている人のやり方を参考に進めていって……。

生島　いきなり一発目で1000万円くらい達成ですか。

中野　いや、1発目は740〜750万円ぐらい。2発目が1700万円ぐらいです。合計で2500万円ぐらいいきました。

生島　なんで急に爆発したんですか？

中野　おもしろくなったんですね。1回目は分からないけど走り出したら、もう止まらなくなっていた。もともと経営者ですから、お金を稼ぐのはもちろん好きですし、みんなに応援してねって言って、みんなが騒いでくれる。僕の界隈でクラファンやっている人って、ほとんどいないんです。で、言われるのは、「えっ、中野さん、お金に困っているんですか」と……。おもしろそうだからやっているだけなんですけどね。

生島　そうなんです。クラファンって、お金に困っているからやっていると思われがちで……。

中野　事業をやっている人間から見ると、クラファンをやっているとちょっと違う世界の人みたいに見られる。最初も驚かれましたけど、2回目をやる時には、「えっ、またやるの」となって、3回目ではもう、驚かれはするのですが、いつもクラファンやっている人みたいな認知ができてきました。

生島　ほぼ2カ月おきにやっていますよね。

中野　今7回目をやっているんですけど。

生島　いろいろ含めたら、８０００万円くらいになっていませんか？

中野　全部含めたらいくでしょうね。ただ、金額はそんなに気になってないんですよ。金額よりも、どれだけの人がそこに参加したとか、どれだけの人が影響を受けたかの方が、僕は興味がある。

生島　中野先生の影響力からすると、そういう人は増えますよね。

中野　もっと言えば、商品開発とか起業する人は、クラファンをやるべきだと思うんです。生島さんがよくおっしゃるように、信頼が貯まっている人がいけるとか、信頼の見える化みたいなことをおっしゃるじゃないですか。まさにそう思って。

サラリーマンとか公務員の人が、いきなり起業しても、うまくいかないですよね。これは僕もゼロからスタートしていますから、うまくいかないことはたくさん経験しています。世間、学歴と職歴は立派だけど、お前の個人の信用はあるのかというと、だいたいないじゃないですか。そこで会社を作って、みんな失敗する。

生島　クラファンをやることは、起業の勉強にもなりますよね。

中野　今うちの塾生に言っているのが、これから脱サラする人間は、まず自分の信用と信頼を試した方がいいということです。１０００円の支援をいただくことがどれだけありがたいかを、この段階で覚えた方がいい。それがわかれば、起業しても絶対成功する。

生島　それは心強い言葉です。

中野　クラファンがおもしろいのは、信用がなくてもいきなりできる。実際の起業ではそういきませんが、プラットフォームに仲間がいれば、応援をしてもらうことができる。すばらしい装置だと思いました。

生島　そうですね。日本ってまだちょっと遅れているというか、まだ成熟してない。そもそも、ウィキペディアなんかにはいまだに「不特定多数の人から少額の資金を集める仕組み」と書いてあるんですけれど、不特定多数の人から集まらないですよね。基本的には自分の知っている人から、どれだけ応援されるかということを繰り返してやらないと集まらないです。まだそこには浸透してないですよね。

中野　僕もこれまで7回経験して思うのが、やはり自分の仕組み作りじゃなくて、商品設計とか伝え方で、すごい差がつくんですよ。あとは事前にお願いする。

生島　そもそも、この短期間で7回のクラファンというのもすごいです。

中野　それは、この人を支え合うというプラットフォームが、本当に最高だと思っているからなんですよ。今、自分自身を職業クラウドファウンダーとも言っているのですが、僕がやめる時は、たぶんないかもしれない。

生島　2回目をやる人って、そうそういないんです。ほとんどの人が1回やって、もう嫌だ、もうこんなに売り込むのは嫌だ、大変だと言うんです。でも中野先生からそんな言葉を聞いたことがない（笑）。結局、そもそものビジネス筋力が違うんだなと思ってしまいます。

中野　逆をいえば、クラファンを続けていると、ビジネス力がつくんじゃないかと思うんです。

生島　つきますよね。

中野　商品設計をしたり、マーケティングのセンスを磨くのもそうだし、人との関係性も磨かなきゃいけない。

生島　確かに。

人を応援する素晴らしい装置

中野　自分のクラファンはこれからも続けていきますが、同時に僕は今、プラットフォーム、オーナー側でもあるので、支援者には僕よりも新しいチャレンジャーを応援してねと言う。その分、僕のところに支援で来るお金が、そうしたチャレンジャーの方に回る。チャレンジする人は、初めての人が多いので、彼ら彼女らが喜んでくれる方が、僕は今おもしろい。

生島　みなさん、それぞれ結果も出しています。

中野　この子がこれだけ行ったと、うれしいのと同時に、すごいなと。応援した人がすごいし、がんばっているチャレンジャーもすごい。よくぞまあみんな、応援してくださいますねという。

生島　そのチャレンジャーも、塾生でなくて単独だったら、きっと今の3分の1くらいの達成額だと思います。

中野　そうか。そうね。応援しようというムーブメントを僕が起こしているからね。支援も集まりやすくなっているんですね。

生島　クラファンを存分に楽しまれている感じがします。

中野　おもしろいですよ、やっぱり。これね、本当に人を応援するすばらしい装置だと思っているんです。で、少なくとも僕がやり続けている限り、次々と新しいチャレンジャーが出て来て、この先、クラファンという大きな文化が日本に根付くかもしれない。僕はそこに一石投じたということになるんです。

生島　チャレンジする人が必要ですね。

中野　チャレンジし続けている人が、日本ではまだ少ない。そもそも僕は、これまでの人生もそうですけど、チャレンジャーのトップ1〜3%のところに興味ある。かつてジャーナリストであった時もそうです。誰も苦手で手を出していない時に環境問題に入って、20代からずっと環境ジャーナリストのトップを走って第一人者と言われました。15年ぐらいテレビ局の仕事をやっていたんですけど、そのコメンテーターの仕事を、当時のアイドルに取られたの。そこで初めて僕がやっている環境問題が民衆化されたんだと気づき、もうその仕事は芸能界とかに任せて、僕は引っ込もうと。そういうタイミングも大事なんですね。クラファンも今はずっと出ているけど、どんどん民衆化されて当たり前になったら、その時は僕はもう違う世界でやります（笑）。

生島　日本ではまだちょっと時間がかかりますね。

中野　だからいいんですよ。

事例❹

森次美尊さんの場合

人生の第２章が始まる大きなきっかけを作ってもらった

森次美尊（もりつぐよしたか）
お金と明るく前向きに向き合っていける文化を創るため、ファイナンシャルプランナー事務所を創業。「ファイナンシャルプランナーもりつぐ先生」の愛称で投資信託や保険を取り扱っている現役ＦＰであり、株式会社人生のミカタ・株式会社Finlife 代表。

クラファン1

インフルエンサーと学ぶ！資産運用勉強会＆上映会をみんなに届けたい！！

集まっている金額：¥36,063,000(目標 ¥500,000)
目標達成率：7212％
支援数：1218

投資の本質を学び、“人生が大きく変わる日”になる！　超有名なインフルエンサーのお二人をゲストに迎え、新NISA・投資信託といった『資産運用勉強会』をリアル開催したい。一人でも多くの方々にこの勉強会をお届けしたいです!!　どうぞ応援よろしくお願いします!!

生島　まずはどういう心持ちでクラファンを始められたのか、お聞かせください。

もりつぐ　まず考えたのが、「KAMOファンディング」でクラファンをやる価値はなんなのかということです。そこで辿り着いた答えが、「ファンづくり」でした。1つのゴールに向かってみんなで走っていく、全員で勝つというることで熱狂を作る。コミュニティが強化されるという「ファンづくり」。となると、何かここを目指していこうというゴールが必要でした。それが講演会というイベントであり、その象徴が鴨さんでした。最後に鴨さんに来てもらうという位置づけに持っていければ、きれいにまとまるなと思ったんです。

生島　えっ、もりつぐ先生って、こんなに影響力あるの？と思われた方も多かったと思います。

もりつぐ　大きかったですよね。これだけのことをなし遂げたんだという、やはり箔がつくというか……。ランクは絶対上がったと思うんです。見られ方のランクが。

生島　改めて、もりつぐ先生の中でクラファンとは何と考えられますか？

もりつぐ　僕の場合は、いろんなほかのコミュニティのネットワークを持っているというのが強みだと思ったので、いかにその人たちにをここに流入してきてもらって、こんな文化があるんだということに触れていただくというのが、鴨さんのコミュニティにとっても、この人たちにとってもメリットだと思っていました。それが、このクラファンを通じて、社会に生み出せる価値だと思ったんですよね。

生島　なるほど。

もりつぐ　だから、ずっと最初から一貫して言い続けたのが、「全員で勝つ」というメッセージなんです。これをとにかく最後まで貫いた。でも、それを貫くのはそんなに簡単ではなくて。やはり外からの声もあるし、自分自身の迷いや弱さもある中で、それをずっと3カ月背負っていくわけですよ。その時に、最終的に感じたのは、人とのつながりでした。ああ一人じゃないんだ、仲間がいるんだという、その経験しかなくて……。たとえば途中で僕、体調を崩した時があって。

生島　でも毎日配信していましたね。

もりつぐ　そう。でも、2日間だけ休んだんです。もう全く声が出なくなって。その時にちょっと休ませてくださいというのを文章で送ったんですよね。

生島　声が出えへん。

もりつぐ　そうなんです。その時に、何十件という応援コメントがFacebookに上がっていたんですよ。もうFacebookを開けられなかったです、怖くて。あれだけみんなに、無償で担がれているという感覚ってないんですよ。

生島　ああ、担がれるか。

もりつぐ　みんなに担がれているわけですよ、僕。たとえば政治家さんが選挙に向けて走っている、この最中に倒れるってありえないじゃないですか。それと同じ感覚だと思います。

生島　そんなに追い詰められていたんですか……。

もりつぐ　でももう1日ぐらい休みをもらわないと無理だと思って、Facebookを開けたら、何十件というコメント、本当にみんなの応援コメントが、もう休んでくださいい、いつもありがとうございますというコメントと、ボランティアとか事務局が、全く熱量変わらずに、要は僕のクラファンを発信し続けてくれていたんですよ。それを見た時に、なんかみんなで勝つと言いながら、結局、自分一人でやっている感になっていたのが、あっ、こんなに支えてくれている人がいるんだ、仲間がいるんだというのを感じさせていただいたというか。あの瞬間、本当になんか1つになれたんですよ、僕たちは。

生島　そこから何か変わりましたか、心境とか。

もりつぐ　変わった、変わった。弱さを見せられるようになったし、みんなで本当に行こうというふうに、なんか変わってきたんですよね。これがまずクラファンを前半後半に分けると、これが前半です。前半、まずこれが起きたんですよ。

たくさんの仲間との絆ができた

もりつぐ　後半は、やはりジョージさん（128ページ参照）です。

「KAMOファンディング」を知らない方もいらっしゃるから説明すると、「ジョージ以前、ジョージ以後」という言葉がありますが、やはりあの応援文化を作ったのは、ジョージさんなんですよ。僕はそこに乗っからせてもらっている立場です。そのジョージさんが一緒にクラファンを走り出した。気づいたら、僕ら二人が争っているみたいな感じになったので。そうなると、周りがやはり……。

生島　勝たせようと。

もりつぐ　勝った、負けたと、こうなるわけですよ。完全にジョージさんとのマッチレースになってしまった。で、「KAMOファンディング」というのは鴨頭さんのコミュニティのものなんですね。だからそのレースで走った時に、鴨さんがジョージさんにドカンと支援をしているわけです。そこで、ジョージさん相手に勝った負けたをやることが本当にいいことなのか、コミュニティを分断させることにならないかという、僕なりの葛藤もありましたし、僕を推す人たちもそのマッチレースで熱くなって、僕にもコントロールできない部分も出てきたりした。

生島　そうだったんですね。

もりつぐ　僕も勝たなければいけない。ジョージさんはジョージさんでそういうものを背負っている。そのバトルを最後までやったから、僕にとってジョージさんは特別なんですよ。なんかほかの人とは違うんですよ。そういう人なんです。もちろんそれに携わった最強事務局のメンバーとか、それこそずっと裏で支えてくれた細野さんとか、たくさん本当に言いだしたら、もちろんボラスタのリーダーをやってくれた人たちとか、たくさんの仲間との絆ができたんですけど。

生島　みなさん、クラファンをやると、絆を意識されますね。

もりつぐ　だからクラファンって何なんだっていうことを一言で言うと、もう青春みたいなもんです。クラブ活動。

なんか大人になって、こんなに仲間できる？　って、こんな経験する？　って。クラファンで、たまたまジョージさんという人がいて、そこで真剣になれたから。それこそ3カ月、ほぼ寝てないですよ、僕。その3カ月ほぼ寝ずに、全てを注ぎ込んでやって残ったもの、それが、ものすごく大きいなと思っていますね。

生島　先日ジョージさんにインタビューさせてもらった時も、同じことを言っていました。その間、全然寝てなくて、唯一熟睡したのが、家で自然と倒れた時だと……。

もりつぐ　気絶でしょう。僕もしましたよ（笑）。

リターンの3つの定義

生島　やる前とやったあとでは、クラファンの印象は変わりましたか？

もりつぐ　変わったというよりは、クラファンの可能性について考えましたね。

生島　可能性ですか？

もりつぐ　キングコングの西野さんとしゃべらせていただいた時にも、話題になったんですが、クラファンって経営のノウハウが全部詰まっているなと。ブランディング、値付け、広告戦略、チームを巻き込むチームビルディング、ビジネスに必要な要素が全部入っている。それこそ、学生の夏休みの宿題にクラファンをやらせたいくらいです。

生島　オファーもそうですよね。人の心が動かなかったら、自分の商品を買ってくれないですよね。

もりつぐ　そうなんです。相手が何を求めているか。だから商品なんか、だいたい失敗するわけですよ。これウケるなと思ったら、全然、全然資金が集まらないとかね。

生島　でも伝説のリターンが生まれましたよ。

もりつぐ　そう。いっぱい生まれました。タスキ、あだ名、インチキ占い……（笑）。実用性のまったくないリターンですね。でも、こういうリターンも、面白がって応援する分には、商品としてはアリだなと……。

生島　リターンの新しい地平を開いた（笑）。

もりつぐ　リターンに関しては、僕は3つの定義を見つけることができたと思っているんです。1つめが、「信用の貸し借り」。要は、今まであなたには貸しがあったからとか、あなたがやるんやったら応援しますという自分の信用ですよね。これは絶対集まりますよね。次が「応援しろ」。株としては一番おいしい買い時なんです。ここで応援しといたら、あとでこの人は、もう困らないぞと。もうこの人に応援するタイミングなんか、なかなかないぞっていうタイミグ。自分に今、支援しとけよというのをいかに演出できるかという「応援しろ」。

生島　貸し作りですね。

もりつぐ　3つめが「心が動いたかどうか」です。これはたとえば被災地支援のような心が動くというのが今までは定番だったわけですけど、おもしろいというのも心が動くんです。なので、なにかしら心を震わせたら、その分、支援って集まる。

生島　営業の極意みたいなものですね。クラファンは、人には勧めますか？

もりつぐ　本気でやるならば、人生を変えるだけの価値のあるものだと思っています。実際、僕も180度変わりました。それはやはり、自分に3カ月死ぬ気で投資できたからですね。

生島　本業にもプラスになっていると。

もりつぐ　これからの人生で、第2章が始まる大きなきっかけを作ってもらったと思っています。

髙橋まちゃぴろさんの場合

自分が幸せに生きるための法則と合致してくる

髙橋まちゃぴろ
群馬県 利根郡 みなかみ町現在は前橋市在住。 介護福祉士・介護支援専門員・認知症介護指導者・認知症ケア上級専門士 など。専門領域「認知症介護」。23歳の時に介護福祉業界へ未経験で飛び込む。「大好きな弟」と「大好きな介護福祉」の仕事の魅力を日々語りながら、理想の介護施設の立ち上げを夢見ていたが白血病の為、夢半ば23歳で、この世を旅立つ。 2017年、弟との約束を果たすため、会社を設立！　弟のを社名に名付け今も弟と夢を追い抱え続けている。 現在、介護事業経営のほか、SNSを活用して情報発信している。そして、昨年より一般社団法人 日本介護福祉魅力研究協会を立ち上げ、第1回ベスト介護JAPANを開催！ 介護福祉業界で働くことの魅力や素晴らしさを発信する場や学びの場、介護福祉の業界で活躍する人々の交流プラットフォームとして活動している。

クラファン1

第2回 ベスト介護JAPANを11月11日、
介護の日に開催したい！

集まっている金額：¥5,439,000(目標 ¥300,000)
目標達成率1813％
支援数428

ステキな介護福祉職を応援し続けるため『第２回 ベスト介護ＪＡＰＡＮ』を11月11日『介護の日』に開催します！　介護福祉の仕事のブランディングを通じて、福祉に関わる全ての人が幸福に満ち溢れるとともに業界の新たな人材の確保や発展に貢献したいと強く思っています！　現場で働いている方々がその魅力を発信しお届けするスピーチ大会『ベスト介護ＪＡＰＡＮ』を昨年より開催しました。今年もやります！　介護の見方を変えるきっかけを多くの人にお届けしたいと思っています。応援よろしくおねがいします！

生島　まちゃぴろさんは、介護福祉業界の革命家と呼ばれていますが、クラファンを実際に経験したお話をぜひお聞きしたいと思います。私のところにも、介護関係や福祉関係でクラファンで資金調達をしたいという問い合わせが、けっこうあるんですよ。

髙橋　むちゃくちゃ分かります。

生島　そうですよね。なので、クラファンもそうなんですけれど、福祉業界のマネタイズってどうされているのかと。

髙橋　そうですね。自分たちの仲間でも、いいことをしているからクラファンを立ち上げたいとか、福祉だからお金を集めたいという感じでやっている人を見かけます。で、そういう人たちのリターンを見ると、ワクワクしない。

生島　確かにそうですね。

髙橋　もちろんすごくいいことをしている、それは分かるんですけど、それをワクワクして楽しくお金を払いたい、支援したいかというと、そうじゃないところが多いのは、それはもう、みんなわかっていることで……。閉鎖的な業界なので、あそこがこんなクラウドファンディングをやっているよとか、そういう情報は来るんですけど、結局、仲間うちでやっていて、大した金額にならないということになってしまう……。

生島　確かにそうですね。結局、いいことをしているから支援も集まると勘違いしている人が割と多い。それで蓋を開けてみたら、20～30万円くらいしか集まってなかったりする。

髙橋　おっしゃる通り。

生島　まちゃぴろさんの前回のクラファンはいくら集まりましたか？

髙橋　５００万円を超えていましたね。生島さんのおかげです。

生島　すごいですね。ぜひ、これから介護福祉のクラファンをされる方のためにポイントを説明してあげてほしいです。

髙橋　ああ、そうですね。これはどこも同じだとは思いますが、介護とか福祉の業界もまた、すごい鎖国なんです。その中だけではやらずに、そこから出て、外の人に届けたり支援をもらうことが大事だと思います。

生島　外というと、これは介護業界と関係ないところじゃないですか。どこから持ってくることになりますか？

髙橋　コミュニティだと思います。たとえば業界から出て、いざ社会全体というマーケットを見た時に、なんでもない一人の人間が何かやりますとなっても、誰もあなたのことを知らないわけです。でも、どこかのコミュニティに属していて、そのコミュニティの中でポジションを取ったり、認知をされたりとか、応援者とかが増えてくると、そこの人たちが応援をして盛り上がって、1つのお祭りのような形ができあがる。すると、なんかあそこ盛り上がっている からちょっと応援したいなとかいう形で、コミュニティ外の福祉の人たちにも興味関心を持ってもらったりもできる。なんとなく、そんなイメージでいますね。

生島 どこのコミュニティがいいですか?

高橋 一番は「鴨Biz」ですね(笑)。

生島 「鴨Biz」というのは、鴨頭嘉人さんがやっているオンラインサロンのことですね。

高橋 そうです。鴨頭嘉人さんのところは、お金に対してのリテラシーだったり、学びだったり、循環経済みたいなところを教育されている人たちがいたり、あとは仲間の夢に対する応援というところとか、チャレンジしようっていうメンバーが集まっている。そしてその中に「KAMOファンディング」がある。この設計自体が、すごく挑戦しやすいし、応援者も得やすいと思います。

とは言え、「鴨Biz」に入っていきなり、支援してくれと言っても難しいですから、そこでやはりコミュニティの中で信用を積み上げていくということが大事になりますけど。

生島 一番いいのは、影響力がある人に寄り添っていく。なんという法則でしたっけ?

高橋 焚き火の法則(笑)。

「たらいの水の原理」で

生島 まちゃぴろさんは、もう1つ、大きいコミュニティに所属されていますよね。

高橋 倫理法人会ですね。

生島 そこでの何か活用はあるんですか?

高橋 そうですね。たとえばクラファンで支援をしたり応援したりするのに、キャッシュは絶対に必要です。その時に、実業とか本業がしっかりあって稼げている状態という、ベースを大事にしたいと思っています。もちろんSNSだけで戦っている人もいらっしゃるので、それは間違いではない。いちがいには間違いとは言えないと思うんですけれど。でも、私のように社長業をやられている方は、実業を持っていて、そこでしっかりとキャッシュを回せているから、チャレンジができるわけです。その時に、空中戦だけで盛り上がるのではなくて、掛け算で、地元のコミュニティとか地元のつながり、プラスSNSというふうにした方がいいなと思っています。

生島　地に足をつけた展開が可能になるということですね？

髙橋　そうですね。その時にこだわるのが、ポジションです。ただ倫理法人会に入っているだけではなくて、ここでもしっかり会長職をやらせてもらっています。そうすると、影響力を持って、毎日発信したりスピーチができる立場になる。そうなればやはり、注目度も変わってきます。今回、4つの賞を取ったのですが、実績を上げることで、県内での注目度って変わってくるんですよ。

生島　県内というか全国ですよね。

髙橋　そうなんです。法人会自体は、全国で700以上の団体があるので。その中に県があって、さらに地域がある。そこで地道に、しっかり影響力をつけていくのに、会長をやってみたりとか賞を取ったりとか。でも、これってたぶんコミュニティの中でも同じだと思うんですね。それで影響力をつけていくっていうことが大事だと思っていて。

生島　そうですね。結局、そこのコミュニティでも、なんか際立っているというか。

髙橋　そうなんです。やっぱり倫理法人会も応援をしたりだとか、人の喜びを我が喜びにするという学びがあって。よく二宮尊徳さんの「たらいの水の原理」という話が出てきます。要は、欲を持ってたらいの水をかき集めようとすると、かえって反対側に行ってしまう。逆に自分の反対側に水をやると、返ってくる。

これはまさしくクラファンの真髄だと思います。まず、支援をして先出しをする。もちろんお金だけじゃなくて、応援とか労力とか、そういったもので先出しをした結果、自分に戻ってくるんだよというのが、倫理法人会の学びでもそうだし、クラファンでもそうだし、自分の実践としてクラファンをやった時にこうだよというのと、実際に自分が幸せに生きるための法則とが、合致してくるんだなと思っていて。そこがとてもおもしろいですね。

チャレンジしない選択肢はない

生島　まちゃぴろさんは、最初は「KAMOファンディング」とは別のプラットフォームでクラファンに挑戦していますよね？

髙橋　そうですね。それこそ私のアカウントではなくて、教えてくれた人のアカウントでやりました。表に出ていたのは私なんですけどね。

生島 そうですよね。

髙橋 ただやはり、達成額も含めて、あまりうまくいかなかったんです。今回は、生島さんにもコンサルをしていただいていますが、これはとても大事ですね。正しい実績と知識がある人にお願いするということは、本当に大事だと痛感しました。

生島 実際、「KAMOファンディング」では、高額の支援を集めていますが、何かポイントはありますか？

髙橋 やはり大きく助けてくれる人とつながる。それが一番だと思います。スポンサーさんというか、応援してくれる人ですね。鴨さんが、「安い値段で商売をすると、お客さんを多く集めなくてはいけない。でも、高単価の商品だったら、少ない人数で利益が出せる」というお話をよくされますが、クラファンも同じだと思うんです。ある程度高単価で支援してくれる人とつながったりとか、そこの信用構築っていうか……。

生島 そうですよね。だから時間とお金を使って、信用を構築する。

髙橋 そうです。応援しつつ、自分も応援されつつみたいな関係性。これを構築できたことが、最初のクラファンと、「KAMOファンディング」の達成額の違いに出ていると思います。

生島 最後に、まちゃぴろさんにとって、クラファンとは何ですか。

髙橋 夢を叶えるための1つのツールだと思いますね。あとは勉強にもなります。自己啓発にもなる。実践していくことで、今まで知らなかったことを自分自身も経験できるし、また会えなかった人とも会えるし、自分自身の人生が豊かになる。お金の使い方もそうだし、人とのつながり方、信用の作り方、なんかそういうところも含めて、自分の立ち居振る舞いをミスれば信用を崩しちゃうっていうこともあるわけで。でもそれも学びだと思えば、なんか自己啓発でもあるし。それを踏まえて、最終的にはやはり自分の夢に一歩近づくための道具だなと思っているので。チャレンジしないっていう選択肢はないなと思います。

生島 チャレンジしない選択肢はない。最後いただきました。

| 事例❻ |

赤星慎利さんの場合

つながりができたということが、本当に大きかった

赤星慎利
2001年生まれ。男3兄弟の真ん中。小4で母を亡くし、中2で父を亡くす。子供の頃から美容師である父に憧れていた。父に「お前は理容師になれ」と言われ、理容師を目指す。父が亡くなってから、地元でのお店開業を目指す。高校を卒業して大阪に5年間修行に出る。現在は福井に戻り開業準備中。理容師、日商簿記2級取得、高津研修講演会大会WD優勝、KHFワインディング部門優勝、大阪理容競技大会WD部門優勝、理容知識技能優秀賞受賞、学校卒業後4ヶ月でスタイリスト、前期売上比125%アップ継続。

クラファン1

福井県の田舎で世界一サインポールの多い床屋を開業したい！

集まっている金額：¥17,527,800(目標 ¥500,000)
目標達成率：3505％
支援数：817

父が経営していた美容室を、理容室として再開させるためのプロジェクト。中学二年生で父を亡くして、そこから開業をずっと目指していました。開業のために様々な顧客体験をする中で、個人店の魅力、床屋特有のサインポールの素晴らしさに気づきました。そこで、他にはないような理容室を作り、育った地元を盛り上げたい！　という思いで、【世界一サインポールの多い床屋を開業したい】というプロジェクトにしました。

赤星　福井県から来ました。クラファンに挑戦して、理容室の開業資金を集めて、今は理容室の開業準備中の23歳、男です。よろしくお願いします。

生島　1700万円超の達成はすごいですね。福井県の最高金額っていくらでしたっけ？

赤星　800万円くらいだと思います。

生島　私の経験からも、1000万円の開業費をクラファンで集めるというのは難しいんです。赤星さんは、何か特別なコミュニティに入っていたりしますか？

赤星　鴨頭嘉人さんの「鴨Biz」くらいです。

生島　なるほど。じゃあその1700万円の支援の多くはコミュニティからですか？

赤星　9割ぐらいがコミュニティです。

生島　あとの1割は？

赤星　友達とか地元のつながりです。

生島　今回、とてもうまくいきましたが、正直、最初にお話を聞いた時、失礼ですが23歳の青年に1000万円の開業資金というのが、難しいなと思いました。さらにクラファンを進めている時に、赤星さんがもともと貯めていたお金をほかの人のクラファンの応援で使い切ってしまって……。それを嬉々として投稿するものですから、ちょっとその投稿、止めてくださいと、止めに入ったりもしました。この時、いくら使ったんですか?

赤星　開業資金として500万円貯めていたのですが、そのうちの350万円くらいは……。

生島　それはコミュニティの講座とかイベント、要はコミュニティメンバーの応援に使ったということですね?

赤星　そうです。別の方のクラファンに。

生島　ということは350万円をコミュニティに投資したら、ほぼ5倍になって返ってきたということですね?

赤星　そうですね。

生島　いわば投資が5倍になった中で、赤星さんが何をやったか、教えていただけますか?

赤星　はい。3つあります。まず人に直接会いに行くということですね。

生島　なるほど。

赤星　その方がやられているクラファンのリターンで、ランチ会とかディナーの会とか、リアルに会うタイプのリターンがあります。それを買って、直接会いに行きました。でも、一番大きいのは、鴨頭さんのいろいろな講座のVIPを購入したことですね。

生島　VIPを買った人は、コミュニティの中の人から、そして鴨頭さんからも注目される。

赤星　はい。ここでできた、コミュニティ内の横のつながりは大きかったです。

生島　23歳で、開業費をこれだけ集められたというのは、「鴨Biz」というオンラインサロンメンバーの中でも初めてだし、「KAMOファンディング」でも初めてなんです。

赤星　初めにVIPを買う時は、本当に最初で最後のつもりで……。

生島　要は、講座のVIPの購入、ほかの方のクラファンの支援をすること、コミュニティ内の認知が上がり、支援につながったということですね?

赤星　まさしくその通りです。そこでいろいろなつながりができたことが勝因です。

生島　クラファンをやって気づいたこと、よかったこと、何かありますか?

赤星　クラファンというと、単に資金調達の意味合いが強いと思うんですけど、今回、僕はお金を集めるということにプラスして、つながりができたということが、本当に大きかったです。それこそ開業にあたっては、ホームページ制作、チラシのデザインということから、税理士さんの紹介や、補助金のことまで……。クラファン中に支援していただいたあとのつながりで、いろいろ教えていただけた。クラファンに挑戦してないと出会っていない。

生島　つながり、できましたよね。

赤星　この支援してくださる方つながりというのは、やる前は考えていなかった。

生島　それでは最後に、これから挑戦する方に一言お願いできますか？

赤星　僕もチャレンジする前は、得られると思っていなかったことも、たくさんやれることができたんです。ですのでぜひ、1回ぐらい何かに挑戦してほしいと僕は思います。

事例⑦

大橋広明さんの場合

クラファンをやることで自分の枠を超えていけた

大橋 広明（馬）
馬のスタントマン。絵本作家。岐阜県 大垣市出身。スタントチームGocoo所属。映画やテレビなどに出演。結婚式場の料理人、移動カフェ『VOYAGE』オーナーを経験後、現在は乗馬クラブGOCOO HORSE VILLAGEの責任者として、乗馬インストラクターも務める。2022年、絵本『Sunny いのちの旅』（幻冬舎）を出版。

クラファン１

映画撮影で活躍する「馬」を初購入して
自分の馬を映画に出したい！

集まっている金額：¥5,049,100(目標 ¥500,000)
目標達成率：1009％
支援数：172

愛着が湧いた馬が映画の大スクリーンで活躍する姿を見ることは感動です。馬を１頭購入し映画に出演する撮影馬となれるよう育てます！　その馬がたくさんの人に愛されること、劇場での感動を味わってもらうことを夢みます！ どうぞ応援よろしくお願いいたします！

生島　クラファンを立ち上げたいきさつを教えてください。

大橋　僕は、映画の撮影に馬を出す仕事をしているんですが、自分でも馬を一頭購入して、映画に出せるようにしたいという思いから立ち上げました。

生島　そもそもはスタントマンでインストラクターだから、ご自身では馬を持っていなかったっていうことですね？

大橋　そうです。会社の馬はいたんですけど、自分個人の馬っていうのは持っていなかったんですよ。

生島　馬というのはいくらくらいするものなんですか？

大橋　それこそ、ピンキリです。20〜30万円のもいれば、何百万円のもいます。

生島　今回はどのクラスの馬を考えていましたか？

大橋　今回は200万円の馬を買いました。

生島　大橋さんの場合、素材がたくさんあるので、クラファンのページを作る時も楽しかった。大橋さんが撮影馬に乗っているシーンもバリエーションがあるし、そもそも、プロフィールがすごい。「ゴールデンカムイ」に出ているとか……。「鴨Biz」に来ている大橋さんを見ているとわからないのですが、やはり馬に乗ると、すごいんですよね。私もこれまで、何百というページを作っているから、いいなと。写真がけっこう命ですね。写真とプロフィールだけで、すごいとなる人は、絶対いるわけですよ。大橋さんのページは、私の中で10段階評価で言えば、7〜8のレベルに達しています。

大橋　うれしいです。

生島　ページができたら、あとは売り出し方というか、戦略ですね。いきなり、目標額を200万円としたら、やはり難しかったと思う。

大橋　不可能だと思います。

生島　でもやりとげたでしょう。「鴨Biz」というコミュニティに属して、認知を取って、自分の売り出し方を見定めて、それから商品設計をして。さらに個別に買ってくださいというアプローチをする。「ガチンコ！馬とにんじんポッキーゲーム！逃げた方が負け！」なんかは、いい企画だったと思います。これぞ、アイディアの具現化です。

大橋　対決動画を作ったんですよね。

生島　馬を買うということ自体に夢があるし、素材がいいし、プロフィールもいい。この先、第2幕、第3幕と続けることも可能だと思います。今回のクラファン自体は順調でしたか？

大橋　最初の目標設定金額を50万円にしていたんです。それが初日、夕方の時点でまだ超えていなかった。それでスペシャルスポンサーしてくれると言ってくれていた知り合いの方が、まだ購入してくれていなかったのでメールしたんですよ、仕事中に。そこで購入してもらって、ようやく初日で50万円を超えて、そこから3日くらいで100万円を超えました。

生島　購入済みの馬は、今の会社の牧場にいるんですか。

大橋　そうです。僕が勤めているところで飼っています。

生島　その馬はもう、撮影に出ているんですか？

大橋　今まさに山口県に。映画の名前は言えないのですが……。その撮影が12月まで入っています。

生島　そこそこ稼げるのではないですか？

大橋　通常の撮影ですと、1日10万円とかは出ます。

生島　200万円なんかすぐ行っちゃいますよね。

大橋　そうなんです。

生島　これも投資ですね。コミュニティで認知を上げて、そこからみんなに応援されて、元手がないところを支援額を集めて、それで購入して、利益が出て、購入費も相殺される。

大橋　まったくその通りです。

生島　大橋さんのクラファンを見ていたら、後半に支援額がすごく伸びた印象がありますが？

大橋　実は途中、助言をしてくださる先輩がいたんです。テンピさんが僕のことを見つけてくださってお会いしたんです。テンピさんは、物販のコンサルやっている、同じく「鴨Biz」のメンバーの方です。最初、ガストで話し始めて、閉店時間が来て、まだ話し足りないからと言って、そこから松屋に行って、夜中の2時ぐらいまで話をしました。

生島　夜中の2時まで……。

大橋　そこでいろいろと深掘りをしてくださいました。なぜクラファンなのか、なぜ僕でないといけないのか……。そこで僕の中でも気づきがあって、覚悟が決まったというか……。そこで1回伸びましたね。

生島　具体的には何かをやられたのですか？

大橋　攻めのリターンが出せるようになった。

生島　大口のスポンサーですね？　私が見ていて、後半、50万円級の大口のスポンサーが何件かドドドッと入った。それも、知らない名前ばかりだった。

大橋　その前にもりつぐ先生ですね。赤星君のリターンともりつぐ先生のコンサルを買って、コンサルしてもらったんです。その時にこの、ウッディーひろあきというキャラができて……。そこでおもしろがってもらえて支援が増えた。で、そこまで行った時に、自分の中でも覚悟がだいぶ決まって、最後は、乗馬クラブのお客さんたち、僕のファン色の強い人たちに相談して、大口の支援が集まったんです。

生島　向こうの反応はどうでした？

大橋　とても喜んでくださって。

生島　その最後の乗馬クラブの大口さんへは、最初は行けなかったんですね。

大橋　思いつきもしなかったです、僕は。

生島　自分の覚悟が決まって、そこに行けたんですね、きっと。

大橋　そうです。自分の枠の中で全部やろうとしたのを、クラファンをやることで自分の枠を超えていけたんですね。

生島　いい話ですね。テンピさんが大橋さんにしてくれたこと、ぜひ、新しい人に、大橋さんがやってあげてくださいね。

事例❽

中島侑子さんの場合

クラファンは応援する喜びもあるし、応援される喜びもある

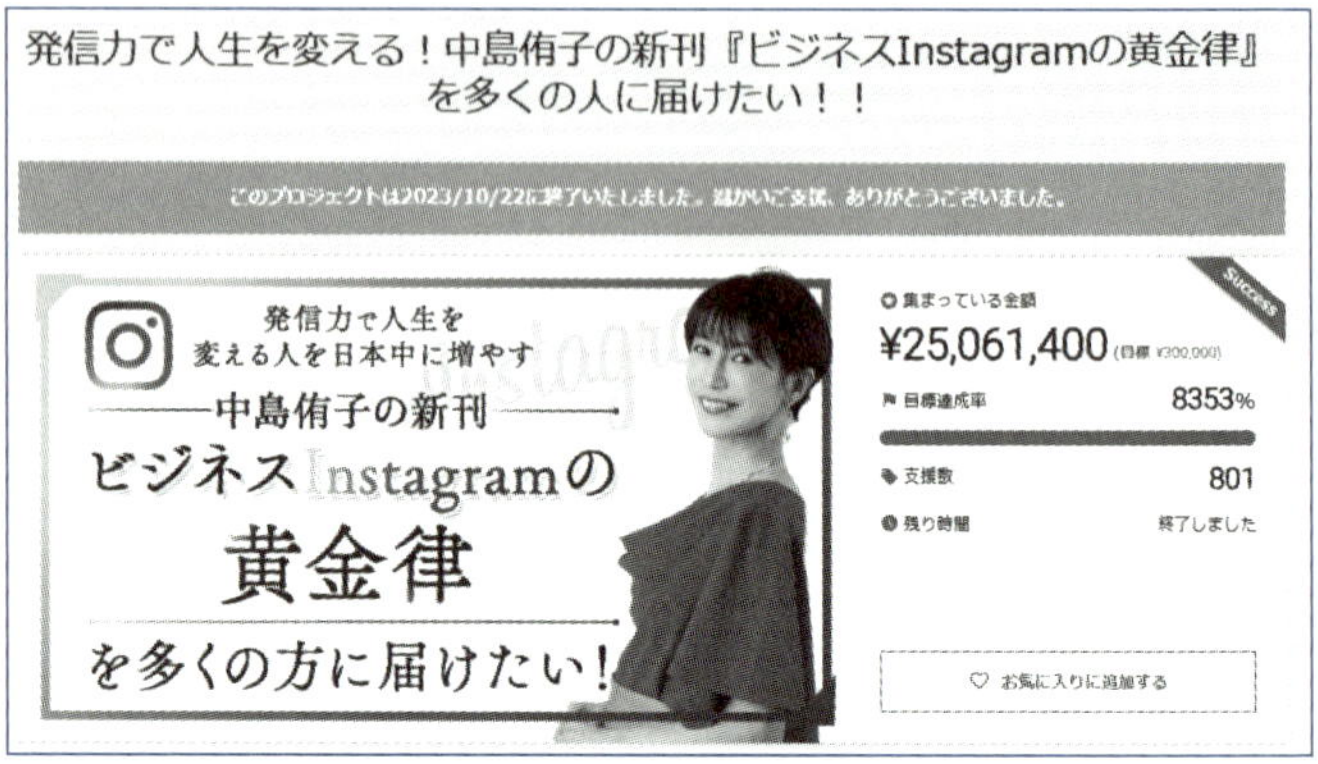

中島侑子
長野県在住。3歳、7歳のママ。 医学部卒業後、3年間の世界一周を経て、「いつどこで何が起きても、誰かの力になれる人でありたい」という想いから救急救命医の道へ。自身の緊急手術をきっかけに人生観を見直して起業。現在は総合フォロワー数320万人超の 日本最大級のインフルエンサーの学校「TOKYOインフルエンサーアカデミー」主宰。外務省の訪日外国人向けプログラムでインスタグラム講座を担当し、講演活動も国内外で行う。

クラファン1

発信力で人生を変える！中島侑子の新刊
『ビジネスInstagramの黄金律』を多くの人に届けたい!!

集まっている金額：¥25,061,400(目標 ¥300,000)
目標達成率：8353％
支援数：801

何歳でも、小さな子育て中のママでも、どこに住んでいても、それぞれが発信力をもつことで、誰もが自由に輝ける社会を作りたい！　その想いから4年で300名以上の講座生に伝え、みんなで人生を変えてきた「発信で人生を変える方法」をついに書籍化。2023年10月にＪＭＡＭ様より出版します。一人でも多くの方々にこの書籍を届けたい！　応援よろしくお願いします!!

生島　クラファン、最初はどう感じられましたか？

中島　怖いしかなかったですね（笑）。

生島　何が怖かったんですか？

中島　やはり、支援が集まる保障みたいなのはないじゃないですか。だから、いざやってみて、まったく集まらなかったらどうしようみたいな。

生島　確かにね。

中島　逆にそれこそ、私が今、これから起業しますというような立場だったら、そんな怖くなかったと思うんです。でも、既に生徒さんもたくさんいて、それなりにＴＯＫＹＯインフルエンサーアカデミーも大きくなっていてという状態だったから、なおさらプレッシャーが……。

生島　お願いしていったわけですね。

中島　そうですね。やっぱりお願いはしました。

生島　お願いされた側は、うれしいっていう反応なかったですか？

中島　それが不思議だったんですけど、ありましたね。

生島　向こうからしたら、願ったり叶ったりの人もいるんですよ。あっ、これはチャンスみたいな。何がチャンスかわからないけど。オファーを掛けられた人は、ラッキーと思ったんじゃないですか。

中島　そう思っていただけていたらうれしいですけど。

生島　それで結局、初日には1000万円くらい達成した。

中島　そのぐらい、けっこういきました。でも、本当に怖かったですね。最初は。

生島　なんかそこで、クラファンやられて、自分の中で変わったところってありますか？

中島　いっぱいありますね。そもそも私、誰かにお願いをするのがすごく苦手で、お願いをされて何かをしてさしあげるのは全然いいんですけれど、お願いしますって相手のお力をお借りするっていうのに、申し訳ないなという気持ちになるタイプなんです。でも、お願いしないと始まらない。

生島　始まらないですよね。そもそもが。

中島　特に初日にしっかり結果を出そうと思ったらもう、お願いをするしかない。

生島　そうですね。結果見えますからね。

中島　はい。その壁を自分で突き破って、お願いして。お願いするからには、それなりにしっかりとお返しをしようという覚悟のもと、お願いをできたというのは、すごく大きかったです。

生島　反応してくれなかった人もいらっしゃいますよね。

中島　完全に無反応は1人もいなかったんですけど。そもそも、お願いする人自体を、自分との関係性などでめちゃくちゃ選んでいました。

生島　自分の中でOKの比率が高いだろうなという人に送りますよね。リストで言うと、A、B、CのA群ですよね。

中島　そうですね。あとお願いできる関係性。信頼がその前に築けていたりとか、直近であってもしっかり築きにいってからのお願いみたいな関係性ができているなと自分の中で認識してお願いをするっていうふうにしていたので。

生島　中島さんの場合、分母が大きいから、そういうこともできたのかと思います。

中島　そうかもしれません。A群の方々は、同じような感じで支援しあったりもありました。あとは、仮に私が支援する側だとすると、自分に時間を使ってくれている人は応援したいと思います。たとえば、SNSに毎回コメントくれる人とかは名前覚えますよね。そういう方が「クラファンやります」ってなったら、やっぱり応援してあげたいってなると思います。

生島　今回、オファーを掛けた人で、実際に会ってない人もいらっしゃいましたか？

中島　私はいないです。もし自分が支援する側だとしたら、自分に時間を使って応援してくれている方とかであれば、たとえ、実際に会ったことがなかったとしても、相手の会社の規模が小さくて、同じような額を応援し合えないということがわかっていたとしても、応援したいと思うんじゃないかな。あと、純粋に絶対に私がやらないような挑戦をしている人は応援したいって思いますね。たとえば「エベレストに登ります」とか。私は絶対にやれないから、代わりにやってきてくれるあなたを応援したい、応援することで一緒にその挑戦を疑似体験させてもらうみたいな?

生島　なるほど。

中島　クラファンをやって思ったのが、本当にお金って自分の中に留めておくと別に何も生み出さないけど、等価交換だったとしてもグルグルって回すことで、応援とか、いろんな機会とかそういったのをすごく生んでくれるから、回していくということがすごく大事だなということも気づきました。

生島　ほかに中島さんの中で、クラファンに対して思うところはありますか?

中島　やはり、人とのつながりに尽きるかと思います。今までそんなにつながりがなかった方とすごくつながれた。応援し合うということを介して、というのはすごくやっぱり大きかったなというところと、あと、やはりもう、コミットしてやるぞと言ってやって、しっかり結果を出せたので、そこは自分の自信にもつながりました。あとは、応援する、応援されるということの大切さというか。

生島　そうですね。応援されて応援するっていう。そこはありますよね、確かにね。

中島　クラファンは応援する喜びもあるし、応援される喜びもあって、なんかそれが微妙にちょっと違うんですけど、それを両方感じることができたっていうのはすごくうれしかったし。こんなにみんな、応援してくれるんだっていう、なんかもう、みんなへの感謝がすごく溢れていて。でも、それと同時に、やはり応援されたからには、私ももう次のステップに、ステージにどんどん上がっていかなきゃみたいなのとか。もっと本当、勝手にですけど、女性で結果を残すことができたので、その姿勢を見せていかなきゃみたいな。

生島　そうですね。みんな見ていると思う。

中島　あとやはり、私だけじゃなくて、事務局もすごくがんばってくれていたので。そう。一丸となって、1個のことをがんばったからこそできた絆みたいなのを、すごくできて。それもすごくうれしかったです。本当にいろんな成長があったなと思います。

事例❾

森田市郎さんの場合

クラファンは、絶対スタッフと一緒にやったほうがいい

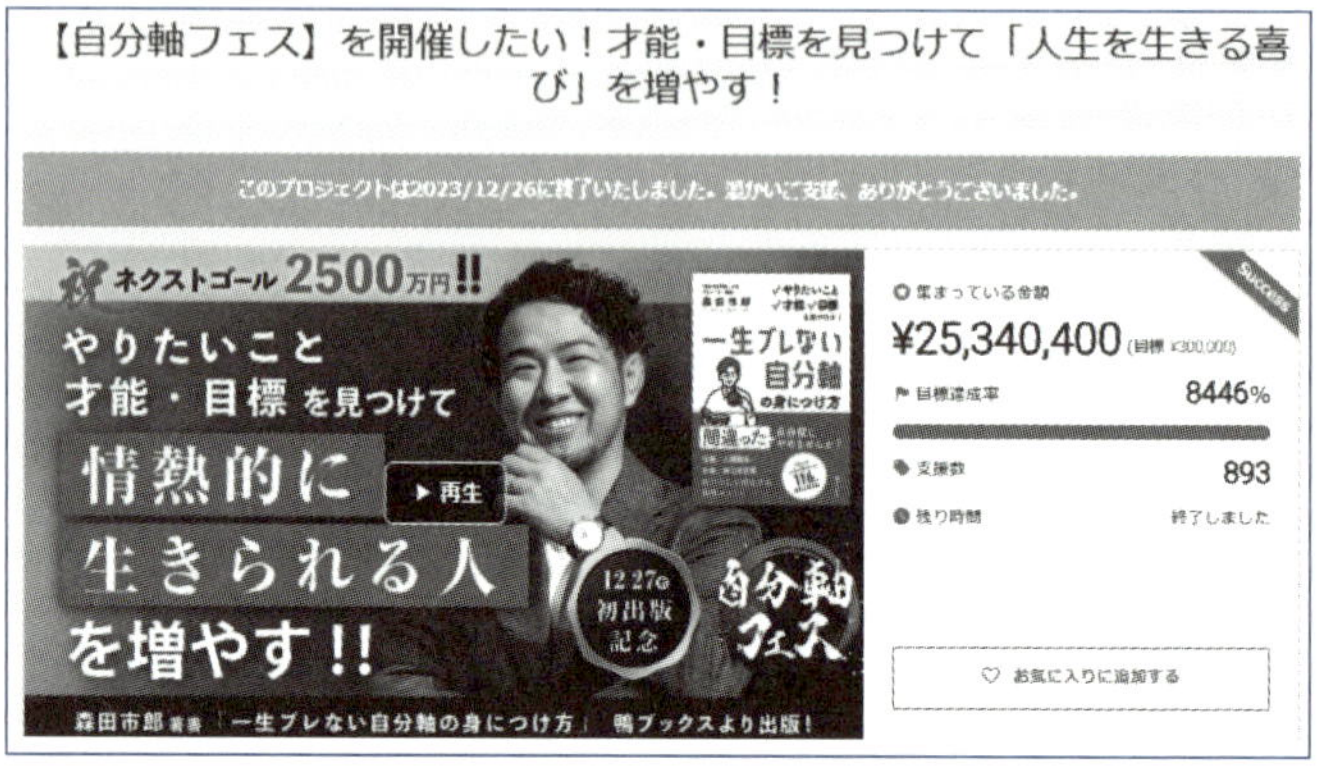

森田市郎

これまで2000人以上のコーチングセッションの実績。 その後、2017年にコーチ・講師として独立。現在は自身のコーチとしての活動と共に、プロコーチ育成／セミナー講師／ビジネスコンサルタントとして全国で活動中。

クラファン1

キレイゴト甲子園を開催して【キレイゴト＝カッコイイ】を
日本の常識にしたい!!

集まっている金額：¥6,879,100(目標 ¥500,000)
目標達成率：1375％
支援数：726

2022年2月26日(土)13:00～16:00、東京証券会館にて【第1回キレイゴト甲子園】を開催します！　キレイゴト甲子園は、日本一のキレイゴトスピーカーを決定するプレゼンテーション大会です。『キレイゴト＝カッコイイを日本の常識にする』というチャレンジの共犯者になってください！

クラファン2

【自分軸フェス】を開催したい！才能・目標を
見つけて「人生を生きる喜び」を増やす！

集まっている金額：¥25,340,400(目標 ¥300,000)
目標達成率：8446％
支援数：893

日本にはびこる「他人軸文化」を払拭し、1人でも多くの人に【自分軸】をもってほしい！「やりたいこと」や「才能」に気づいて【自分の人生を生きる喜び】を感じてほしい！ そう願って【自分軸フェス】を開催します！

生島　森田さんは1回目「キレイゴト甲子園を開催して【キレイゴト＝カッコイイ】を日本の常識にしたい!!」で687万9100円を達成して、2回目の「【自分軸フェス】を開催したい！才能・目標を見つけて「人生を生きる喜び」を増やす！」で2534万400円を達成しています。およそ3.5倍ですね。

森田　やはり1回目の苦い経験を元に、2回目は自分よりも抽象度が高い先輩たちにオファーさせていただくという「どぶ板営業」の経験ができたことが大きかったと思います。

生島　どぶ板しかない。結局。

森田　どぶ板しかないです。それでご支援いただけた方もあれば、スルーやお叱りもあったんですけど、でもそれも含めて経験させていただいて良かったという。

生島　なるほど。そうですよね。その中で、支援する側も、5万円とか10万円とかの額での支援を初めて経験した人も多かった。

森田　めちゃくちゃ多かったと思います。支援額に関していうと、僕らはコンテンツビジネスをやっているので、差し出した対価に対しての成果っていうのが分かりやすい。これが講座ですよね。それに対して、クラファンというのは差し出した対価に対して、特に金額に対しての対価というのが分かりづらいこともあると思います。そこは非常にデザインの工夫や、配慮が必要と思いました。

生島　なるほど。

森田　デザインや配慮、そうしたものを含めて、今回「KAMOファンディング」をやらせていただいて思ったのは、経営の擬似体験。これが僕だけじゃなくメンバーも一緒にできるっていうのが、最高の教育環境だなということです。

生島　それはもうぜひ、スタッフがいらっしゃったら、一緒にやられた方が。

森田　はい。クラファンは、絶対スタッフと一緒にやった方がいいと思います。というか、スタッフにやらせた方がいいというか。

生島　間違いないですね。

森田　「KAMOファンディング」の場合、僕らみたいな中小企業だったり、個人起業家には非常に経営の実態に近いプロダクトだと思っていて。リーダーである自分がいかに信頼していただけているか。直接お声がけができる、ビジネス的に言えばリストがあるか。これまでいかに差し出してきているか。あとはみなさんに楽しんでいただけるサービスの設計やサムネイルの設計、料金設計といったところ、あとは費用のところではPLも含めて、そういったところの1つ1つが2カ月3カ月というショートスパンで体験できるっていうのは、めちゃくちゃチーム力が上がったという。

生島　結局は人と人じゃないですか。森田さんの本業であるコーチングともつながりますね。

森田　そうですね。人は普通に生きていれば、昨日と今日、今日と明日って基本的に同じ作業をする。同じようなものを食べて、同じ場所に住んで、同じ人と関わって、同じ言語を使う。ここに変化を与えようというのが、僕たちのやっているコーチングなんです。

生島　変化を与える。

森田　そうです。延長線上の人生に対して、延長線上にない未来を獲得する。そのためのものの使い方を指導するのがコーチングです。シンプルに言うと、成果を出すための正しい脳と心の使い方です。

生島　延長線上にない未来っていうことは、手の届くところに目標を置かない。

森田　置かない。

生島　それがもう、チャレンジじゃないですか。

森田　はい。なので、この延長線上の未来、「できる」で設定する目標を僕たちは現状っていうふうに定義するんです。勝手に行くので。勝手にでは行かないところに設定、ビジネスライクに言うとストレッチ目標みたいな、そういう設定をする時には「CAN」ではなく、まずそもそも前提が「CAN'T」、できない。でもできないだったら実現可能性にふたをしてしまうので、僕たちの脳の使い方としては「HOW」なんですね。どのようにすれば、それを達成できるだろうか。これを常に脳に与え続けていくことによって、どのようにすれば、2000万円達成できるだろうかといった瞬間から、今まで見えていなかったアイディアが出だすっていう。

それで2000万円を約束させていただいて、達成させていただいたら、次、じゃあ2500万円、どのようにすればできるだろうかという設定に切り換えるという。

生島　そうやってチャレンジを続けることによって変わったことというのはありますか?

森田　人で言うと、印象的だったのが、今回出版を手がけてくれたのが、沢田さん、ハッピーというんですけど。ハッピーは元々20年出版業界に勤めていて、めちゃくちゃ優秀なんですよね。でも彼女がやってきたことは、これまで会社にあるもの、会社で出会う人、この使いこなしは抜群だったんです。で、これまでお金を作るということをやったことがない中で、今度チャレンジしようっていって、最初に出したのが、ハッピーをただ応援する権利というリターンを作ったんです。

彼女は最初、500円で行きたいですと言ったんですけど、ダメですと。最低3000円からにしようと。彼女、ブルブル震えながらDMして、1人売れました、2人売れました、満席になりましたというのを積み重ねていく中、自分の時間に対して価値を感じていただける方がいらっしゃるというパラダイムシフトが起きて。今、彼女が提供している自分のサービスが、132万円に上がりました。入社してから。

生島　僕も彼女、変わったなと思いました。

森田　次に組織で言うと、今回いろんなタスクを経験できたことによって、あっ、私この業務好きだ、私これ苦手だということがけっこう明らかになって。それの経験値を持って、クラファンが終わってから配置をし直したんですね、メンバーの。それによって、またブーストがかかっているという。

そういう意味でもコーチングとクラファンを同時にやって、非常に相性の良さを感じました。

生島　定期的にやることによって組織が再構築されるのであれば、いいですね。

森田　クラファンは、めちゃくちゃストレッチに成長できる期間で、自分たちが今までできていたこと、見えていなかったリソース、見えていなかった未熟なところ、見えていなかった解決策、見えていなかった感謝。これらが一気に顕在化するのが、このクラファンなので、成長したい、成果を出したい、仲間と共に叶えたい夢がある。そう思われる経営者、リーダーの方には、めちゃくちゃお勧めだなと思います。

事例⑩

マッスル（松澤卓）さんの場合

クラファン１

マッスルイングリッシュを広めて
大人になってからの英語チャレンジをサポートしたい！

集まっている金額：¥2,572,615(目標 ¥300,000)
目標達成率：857％
支援数：521

今回のプロジェクトは、英語を話す環境がなく、英語習慣がなく、英語を諦めかけている方にこそ参加してほしいプロジェクトです。英語はマインド９割。単語や文法は後回し、ますは「話すこと」に軸足において、話せる自分をつくっていく!! そして、実践を通して「話せる自分」に出会う!! 最後は、自分大好きな自分に出会い、人生を前向きに捉えていく。そんなサポートをプロジェクトを通じて達成します！

マッスル（松澤卓）
英語コーチとして、延べ150人の英語が「怖い」「できない」そして「続かない」を、「英語はマインドが9割」をモットーに解決。現在、YAKINIKUMAFIA インバウンド対応ステージパフォーマー兼、専属英語コーチで活躍。鴨イングリッシュ講師、英語・スペイン語スクールの習慣化コーチを担う。 会社員として、アメリカ系製薬会社のエンジニアとして英語９割で勤務。 ハワイ旅行は教育と位置づけ英語環境を家族でとりにいく。

橋本一豊（ROCK）さんの場合

クラファン1

豊洲ピット鴨さんデビューLIVEを盛り上げるために、
コピバンによるプレLIVEを開催したい！

集まっている金額：¥5,087,398(目標 ¥300,000)
目標達成率：1695％
支援数：116

鴨バンドデビュー前にコピバンを結成し、本家デビュー前にLIVEをする！という企画です！ イベント開催日は11/30（木）会場は港区汐留のブルームードhttps://blue-mood.jp/（収容人数100名）です！ イベント内容は「鴨バンドコピバンライブ＆セッション会」！ 目的は ①鴨さんのデビュー曲と豊洲PITのライブを知ってもらう ②ライブ本番に向けたオーディエンスの熱量を高める ③夢を叶えるチャレンジの連鎖を作るための場づくりです。

橋本一豊（ROCK）
ROCKなソーシャルワーカーとして、日本の労働者不足の解消のために、働きたい障害のある人と雇用したい企業との橋渡しをする仕事をしています！ 鴨BIZでは鴨シードに選出していただき、新会社「ボン・ジョブ」を設立して業界に変革を起こすべく活動中！ また、コピバン活動を30年以上続けており、現在は「ONE OK ROCK」「BOOWY」「L'Arc～en～Ciel」のコピバンライブでvocalを担当。たまにパンクバンドのドラムを担当しています！

事例⑫

増田和希（益々）さんの場合

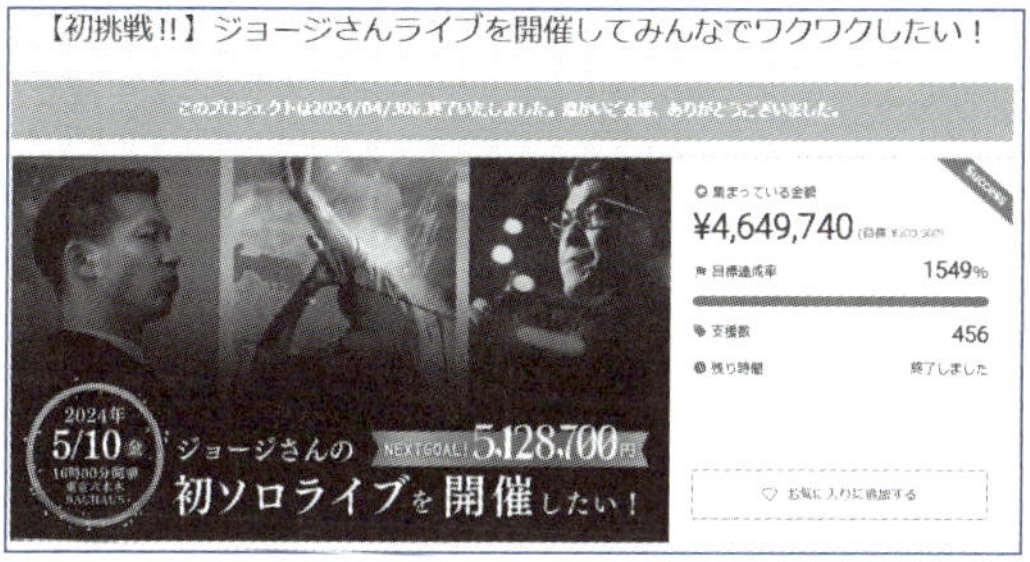

クラファン1

【初挑戦!!】ジョージさんライブを開催して
みんなでワクワクしたい！

集まっている金額：¥4,649,740(目標 ¥300,000)
目標達成率：1549％
支援数：456

山本隆司 初のソロライブを主催。5月10日(金)午後 東京 六本木にてジョージさん 初の挑戦となる「 George's 1st solo LIVE 〜響き始める音〜」を主催させていただき、ジョージさんの音を響かせます！　ライブの準備から当日の会場まで、ワクワクを皆さんに提供してコミュニティを益々、盛り上げていきます。

増田 和希（益々）
東日本旅客鉄道株式会社（JR東日本）に入社後、東京駅の係員、山手線の車掌、東海道線の運転士を経験。現在は、鉄道運転士の養成所にて国家資格専任教師として、多数の研修生を前にしながら講義や指導育成を行っている。

事例⑬

村上良之さんの場合

クラファン1

【古事記project村上の挑戦!!】
東京キネマ倶楽部でKAMOBANDとライブがしたい!!

集まっている金額：¥5,854,370(目標 ¥500,000)
目標達成率：1170％
支援数：619

鴨頭さんの豊洲PITデビューライブ「あの日あきらめた夢に挑戦する」。あの会場で一番触発されたのは僕たちだった！　7/3東京キネマ倶楽部、KAMOBANDとマミヨバンドの2マンライブに挑戦します!!

村上良之
古事記project代表取締役＆KAMOBANDドラマー。武蔵野音大卒。20代のころよりドラマーとして活動。THE SAX-NIGHTというバンドでavexよりメジャーデビュー。2017年古事記project結成。総合プロデューサーとして古事記や日本神話をもとに音楽だけでなく、ボイスドラマや舞台、NFT、Voicyなども手掛ける。「KAMIYO」というNFTコレクションは13888点が16分で完売。同日のNFT取引量世界4位。最高額40万円で取引された1点物NFT「こじぷろGODz」(鴨頭さんがオーナー)。1か月で700個頒布した、世界発の神社のお守りNFT「検見川神社お守りNFT」はnewszero等地上波で取り上げられ落合陽一さんも購入。2023年9月より鴨頭さんのバンド「KAMOBAND」に正規ドラマーとして加入。

事例⑭

AAA-chan（あーちゃん）さんの場合

クラファン１

オラはNYに個展会場を探しに行くどん

集まっている金額：¥5,608,500(目標 ¥500,000)
目標達成率：1121％
支援数：360

世界で個展をしたいAAA-chan。まずは第一弾として2025年以降にNYで個展をする。このために2024年に個展会場となるギャラリー探しからはじまる。英語はアッポーペンしか言えないレベル。それでも探すと心に決めた。

AAA-chan（あーちゃん）
猫と女の子を描く芸術家。20年間のOL時代は大好きだったお絵かきを封印。ケータイが壊れApple Shopで待ち時間に運命のiPadに出会う。その後たくさんの絵を描きSNSに投稿。運命が変わる。2021年絵本わかめ婦人出版、2022年京都京セラ美術館エイメナャリティー展示により、「持田総章芸術賞」受賞。JAPANEXPO PARIS 出展、JCAT MADE IN JAPAN NEW YORK グループ展、福岡美術館 Heart in FUKUOKA 2022出展 2023、ドイツワイン「Winzer von Erbach eG 」ワインボトル14柄採用、日仏友好親善大賞、アジア平和芸術展inプノンペン平和賞、クリエイティブ文化祭 クリエイティブ文化賞、永遠の絆展芸術大賞。

事例⑮

アップル吉田（吉田司）さんの場合

クラファン１

元ホテルマンがスター農家に挑戦！アップル吉田が命を懸ける「米崎りんご」を今年も食べてほしい！

集まっている金額：¥3,801,700(目標 ¥300,000)
目標達成率：1267％
支援数：297

震災で壊滅的な被害を受けた岩手県陸前高田市。あれから10年、農業で起業することを選んだ元ホテルマンがいます。コロナ禍の中に開業した2021年から昨年まで、凍霜害、台風、病害や獣被害、記録的な猛暑など毎年更新する気象条件の中、極上のりんごを創り続けている農家を知っていますか？ところが三陸のりんご農家は絶滅の危機。しかし、この町には他の地域にはない「奇跡の風土」があったのです。

アップル吉田（吉田司）
震災間もないころ支援物資に混じっていた地元のりんごの味に驚き、更に市内のりんご農家の状況に衝撃を受け、2017年に新規就農。岩手県陸前高田市米崎町の「海の見えるりんご畑」にて20種類以上のりんごのお世話をしています。農園名は「イドバダ・アップル」。2021年4月1日開業。実家は非農家で、元ホテルマン。アグリ管理士（岩手大学農学部公認）、陸前高田市農地利用最適化推進委員。23年より農福連携のチーム「タカタアグリコンソーシアム」立ち上げに加わり、代表を務める。経営理念「先人から受け継いだ文化を進化させ、次の世代につなぐ」。2022年6月に鴨Biz入会。趣味はバンド活動「SEABREE TREE」パーカッション＆コーラス「George51°」ドラム担当。

この書籍の発刊を
ご支援くださった
スポンサーの皆様

【中野博様】プラチナスポンサー
【生島霞様】プラチナスポンサー
【山本隆司様】プラチナスポンサー
【森次美尊様】プラチナスポンサー
【細野尊史様】プラチナスポンサー
【髙橋まちゃぴろ様】プラチナスポンサー
【河野浩人様専用】プラチナスポンサー
【原英次様】プラチナスポンサー
【横山宗生様】ゴールドスポンサー
【川上宗真様】ゴールドスポンサー
【佐野翔平様】ゴールドスポンサー
【山口裕輝様】ゴールドスポンサー
【橋本一豊様】ゴールドスポンサー
【永田道弘様】ゴールドスポンサー
【加藤義章様】ゴールドスポンサー
【夏目もも子様】ゴールドスポンサー
【渡名喜守勇様】ゴールドスポンサー
【藤谷壱也様】ゴールドスポンサー
【能登清文様】ゴールドスポンサー
【濱野正治様】ゴールドスポンサー

【與良だいち様】ゴールドスポンサー
【佐藤香奈恵様】シルバースポンサー
【島村公二様】シルバースポンサー
【堂端龍一郎様】シルバースポンサー
【中島侑子様】シルバースポンサー
【竹中幹人様】シルバースポンサー
【本田真利子様】シルバースポンサー
【森田市郎様】シルバースポンサー
【神の手フッチー様】シルバースポンサー
【大内美紀子（みっか）様】シルバースポンサー
【AAAーちゃん様】ブロンズスポンサー
【阿野友範様】ブロンズスポンサー
【あさのともお様】ブロンズスポンサー
【塩貝香織様】ブロンズスポンサー
【谷田正人様】ブロンズスポンサー
【村上良之様】ブロンズスポンサー
【増田和希様】ブロンズスポンサー
【太田香織様】ブロンズスポンサー
【飯田栄様】ブロンズスポンサー
【古川明英様】ブロンズスポンサー

この書籍の発刊を
ご支援くださった
協力者の皆様

Sean Ichimaru
北川凌司
いろは似顔絵クリエイター
蝶たろう
井口ゆきこ(ポリユキ)
松島涼
平野雅之
NPO soshare代表 東村奈保
猪狩元気
web3/AIプランナー 堺あきら(Aki)
オットリーヤ・ナカザワ
司法書士白藤善啓
かき氷屋Huihou 堀井誠
正直FPヒッシー先生(菱田雅生)
奥田智恵子
但野和博
内藤潤
熊谷由佳
和魂伝師 倉石ルーク
泉 元太郎
マッスルイングリッシュ
松本佳世子
ダイアナ
延藤茂之(のぶりん)
ウッディひろあき

飲食コンサルムロさん
tado
運を動かす体育講師しんちゃん
武藤慎一郎
石堂直美
國光洋志
宮之原尚子
ASAKO
やまぴ
井村よしみ
長谷川雄樹
施工管理技士の学校 濱田吉也
三宅直子(なおちゃ)
田中重智
日本料理そば懐石紡ぎ 町田哲也
(株)ロジカ・エデュケーション代表閒 愛
空飛ぶエリー
ジャーナリスト中野博
善積良至(ことのはファーム)
片山武彦
高野康弘
田中 伸幸
牟田優一
山野高弘
堺本卓哉
朝日奈 花

おわりに

「はじめに」でも書きましたが、この書籍の制作と同時進行で、「初出版クラウドファンディングの教科書！（仮）を多くの方に広めたい！」というクラファンを立ち上げました。

これまで１０００件以上のクラファンをコンサルしてきましたが、自身でのクラファンは初めてです。

初心に戻って、この教科書の通りに進めてみました（笑）。

結果は、

総支援額：8,161,400円（目標額：300,000円）
総支援数：164
目標達成率：2720%

です！

いかがでしょうか！

何度も言いますが、クラファン＝寄付支援ではありません！

自分のできることをメニュー化して、販売することです。

クラファンは本業の売り上げを加速させることができます。

当たり前の話ですが、毎日自身の商品を買ってくださいという、ドブ板営業してるわけですから。

リターンの出し方、順番の替え方、Ｆａｃｅｂｏｏｋ投稿や応援グループの設置からその投稿、ライブ配信、ボラスタさんの有効な活用方法など、ご自身の夢を叶えたい！　というのであれば、クラファンというツールを使いこなせば、集めたい時に集めることができます！

その詳しいノウハウや実施方法はセミナーで解説しています！

この本を広げる活動で全国セミナーを開催します！

ぜひ、ご参加いただき、お会いさせていただきたいです！

また、「クラウドファンディングの学校」というＹｏｕＴｕｂｅでも、ノウハウを配信しておりますので、チャンネル登録よろしくお願いします！

では、セミナー会場でお会いしましょう！

２０２４年10月吉日

生島　正

著者

生島正（クラウドファンディングアドバイザー）

累計サポート1100件、総支援サポート金額累計10億円突破の国内トップクラスのクラウドファンディング達成アドバイザー。

クラウドファンディングの集客からページ作成、商品作りから終了後の定期販売、継続集客までワンストップサポート。夢の達成を実現するために伴走し、この3年間の達成率は95%！

2014年よりFAAVO→MAKUAKE、2016年神田昌典氏運営の社会起業ファンド「100%GIV」アドバイザー就任。「CAMPFIRE」地域パートナーとして経験値を重ね、6年間で約600件の立ち上げを行う。

個別相談及び、セミナーや商工会などの地域講師などを歴任し、約5000人の方へアドバイスを行うが、コロナ禍で2020年の講演や地域連携事業等が全てキャンセルになり、1800万円の損失を出す。

2021年にYouTube講演家の鴨頭嘉人氏と「KAMOファンディング」を立ち上げる。同時に完全オンラインコンサルティングへの切り替えを行い、全国アドバイスで1年間で案件数110件、2万人から2億円を集める。

2014年より運営してきた、クラウドファンディング情報公開Facebookグループも現在7387人、日本最大のクラファン告知グループに成長する。

2023年、運営する「KAMOファンディング」は開始2年半で累計7億円を突破！ コミュニティが自分の世界を変える「コミュニティファンディング」という新しい応援支援の形を実現する。

さらに、現在までのコンサルティングのノウハウを体系化し年収1000万円超のクラウドファンディング講師の学校の立ち上げを行う
2024年、「KAMOファンディング」累計約10億円達成。「未来の扉」クラファンサイトもスタートし、初月2000万円調達。

YouTube「クラウドファンディングの学校」の登録者数、22万人突破。

一社）日本クラウドファンディングキュレーター協会　代表理事
合同会社LOCAL CREATION
■ KAMOファンディング運営マネージャー
■ 未来の扉サイト運営アドバイザー
■ READYFORサイト公認アドバイザー
■ BASE公認ネットショップアドバイザー
■ 兵庫県商工会経営指導専門家

セミナーはこちらから！

最新版！
クラウドファンディングの教科書
～夢をあきらめないための完全ガイド

2024年12月5日 初版発行

著者　生島 正
発行者　鴨頭 嘉人

発行所　株式会社 鴨ブックス
〒170-0013 東京都豊島区東池袋 3-2-4 共永ビル 7 階
電話 :03-6912-8383
FAX:03-6745-9418
e-mail:info@kamogashira.com

デザイン　松田 喬史（Isshiki）
校正　株式会社 ぷれす
印刷・製本　株式会社 シナノ パブリッシング プレス

無断転載・転写を禁じます。落丁・乱丁の場合はお取り替えいたします。
© Tadashi Ikushima 2024 Printed in Japan
ISBN978-4-910616-15-5